計畫方法學

鍾起岱 著

台灣省政府資料室主任

五南圖書出版公司 印行

序

「計畫」究竟有什麼用？「計畫」究竟有沒有成效？「有計畫」是否一定比「沒計畫好」？有人說：「計畫、計畫，圖上畫畫、牆上掛掛。」；也有人說：「計畫不如變化，變化不如造化，造化不如長官一句話。」。這樣看來，極端的說，計畫似乎沒有什麼用處。但是，另一方面，我們也經常聽到一些令人不勝惋惜的話：「如果當初想到了就好了」、「如果當初事先計畫就好了」，聽起來似乎「計畫」也並非一無是處。

什麼是「計畫」？計畫是一連串理性的抉擇，計畫是有效運用資源的一種學習過程，計畫是實現目標的工作準備，計畫也是選擇最佳決策的手段。而計畫方法學研究，本質上則屬於方法論（Methodology）的問題，也就是探討如何規劃的系統性研究途徑。論語衛靈公篇說：「人無遠慮，必有近憂。」「遠慮」就是計畫，而「遠慮的方式」就是計畫方法。我國古時有「點石成金」、「畫龍點睛」的故事，給後世一個深刻的啟示；與其讚嘆「化腐朽為神奇」的奧妙，不如學得「化腐朽為神奇」的方法。

台灣從 1980 年前後開始，在行政院研究發展考核委員會主任委員魏鏞博士的倡導與推動下，從中央到地方興起了推動綜合規劃的熱潮，當時李前總統登輝先生由台北市長而台灣省政府主席，更將計畫預算與綜合規劃的理念，深植到包括省市政府在內地方政府施政規劃中，「有規劃才有預算，有預算必有計畫。」是當時預算編

列的最高原則。黃大洲、周春堤、黃俊英、孫得雄、江清馦、林將財、邢祖援、羅子大、葉維銓等人均有很大的貢獻，計畫作業成為政府非常重要的施政手段，甚至被推崇為行政現代化的第一要務。當時行政上的主流思想是：行政現代化是一個國家現代化不可或缺的重要條件，倘行政不能現代化，則其他一切努力都將事倍功半。台灣的公部門計畫作業制度，基本上也是以「現代化」這個基調，在此一時期，奠下良好的基礎。

筆者因緣際會，有一段不算短的時間，直接或間接追隨行政界與規劃界先進前輩的腳步，有系統的將學校所學「計畫方法」知識，轉化為實際的運用，偶有心得時，也在研考月刊及台灣經濟等刊物發表，並應邀在行政院人事行政局地方行政研習中心的前身「台灣省訓練團」講授「計畫實務」、「計畫理論與實務」、「工作計畫之研擬與執行」等等相關課程。其後由於職務關係，個人也不再負責規劃方面的相關事務，十餘年來，規劃領域的專論不斷推陳出新，傳統的論述不斷被取代，而轉眼間少年輕狂的歲月不再，步入中年後，有空重新整理思考昔日舊稿件，同時整理、補充、修正與潤飾，增添了許多新資料，以《計畫方法學導讀》問世，期望有助於有志者的學習。

本書的完成，台灣的教育給了我最多的專業啟發，我的工作領域又給了我諸多實務訓練機會。而影響個人規劃學養最大的三位師長，必須要藉此一角表達由衷的感佩，第一位是我的恩師之一王濟昌教授，他是成功大學都市計畫系與逢甲大學都市計畫系的創系主任，雖然仙逝多年，但我總不時想起他的長者風範；第二位是前台灣省政府副主席江清馦先生，他曾經擔任內政部常務次長、前台灣省政府住宅及都市發展處長、台汽公司董事長、研考會執行秘書等要職，由於他的知人善用，讓我有機會參與計畫作業制度的草創工作；第三位是曾經擔任行政院研考會主任委員的魏鏞博士，因為工

作的關係，個人常常參與他所主持的計畫相關研習會議，也從中學習到許多計畫作業的要領。這本《計畫方法學》，如果有任何值得一讀的地方，完全是這幾位師長前輩長官的教誨與指導。

　　本書章節的安排有一個整體的系統觀，希望兼顧理論的發揮與實務的應用，而有助於各界的學習。全書共分為十二章，約十二萬餘言，第一章緒論，探討計畫學的基本概念與論爭；第二章為研究計畫方法的本質；第三章介紹計畫方法系統觀；第四章探討合理規劃方法；第五章研究規劃資料處理方法；第六章與第七章介紹計畫常用的計量方法；第八章探討計量方法實例研究；第九章政策規劃方法；第十章介紹計畫的一般評估方法；第十一章計畫評估實例研究；第十二章政府計畫規劃方法。附錄為政府行政規劃必須經常參考使用的行政程序法。

　　本書的出版，有兩個小小的心願，第一個是為大專院校相關科系已具有基本社會科學基礎的同學，提供研究計畫方法學的輔助教材；第二個是協助行政機關計畫人員有系統的攝取計畫方法的基本理念和基本法則。最後要感謝五南圖書出版公司，讓本書能順利出版。由於個人才疏學淺，本書疏漏、不足之處，必然不少，尚期各界先進、方家給予教正。

鍾起岱　謹識

西元 2003 年 9 月

CONTENTS

Chapter **7**　計量方法及其應用㈡　　*131*

Chapter **8**　計量方法應用：都市空間結構解釋　*159*

Chapter **9**　政策規劃方法　　*179*

*Chapter***10** 一般評估方法　　　　　　　　　　*191*

*Chapter***11** 計畫評估實例研究　　　　　　　*215*

*Chapter***12** 政府計畫規劃方法　　　　　　　*231*

CHAPTER 1

緒　　論

計畫學的基本概念

(一)理論與理論建構

在社會科學的發展中，理論的建構（Theory Construction）無疑的是一個學科之所以成為學科的最重要、也是最基本的因素。理論建構最重要的目的是建構一個理論，何謂理論（Theory）？魯德納（Richard, S. Rudner）曾為理論提供一個界說：凡是一套陳述或描述某些類似定律的通則，其相互間具有系統上的關聯性及經驗上的可證性，便是一個理論[1]。而建立這樣一個理論的研究方法或研究過程，即是理論建構。理論建構依其研究的順序，通常包括十一項內涵：(1)一個操作性的定義（operational definition）；(2)一組界定清楚的術語（terminology）；(3)可以驗證為真的假設（tested hypothesis）；(4)符合邏輯程序（procedual logic）；(5)可重複性（repeatability, replicability）；(6)無懈可擊的（precise）；(7)突發情形減至最少的正確性（validity）；(8)可以測量的（measurement）；(9)客觀性（objective）；(10)規律性（regularity）；(11)可一般化（generalize）。

一般而言，理論建構的最初，即是概念（Concept）的形成。概念如何形成？概念是人類對經驗世界從事具體或粗略的觀察，依據觀察，對某些事務共同具有的特色，加以演繹、歸納而形成的抽象概念。此種抽象概念，有些是屬常識型態的常識概念，如鳥、船、

1　參考易君博：政治理論與研究方法（台北：三民書局，民國 77 年 5 月，第 3 頁）。及 Ricardo, S. Rudner (1966): Philosophy of Social Science (New York: Prentice-Hall, p.10).

人、馬、樹等等；有些是屬人生領悟型態的玄學概念，如靈魂、魔鬼、狐狸精、聖人、頓悟、永生、天堂、地獄等等；第三種概念則是賦予科學內涵的科學概念，如政治人、經濟人、典範（Paradigm）、全意志（general will）、絕對觀念（Absolute idea）、景氣循環、供需定律等等。

㈡科學與科學概念

一個概念，如果能夠符合科學方法所要求的標準，即可稱為科學概念，而判斷一個概念，是否符合科學方法所要求的標準，主要有兩個面向，必須加以注意：第一，這個概念是否滿足人類的經驗意涵（Empirical import），也就是滿足人類對某類事務共同特性或特色的一般看法，例如「馬」的概念是指具有「馬的特性及特色」的一種動物，如果一種動物不具有「馬的特性及特色」，就不能稱之為「馬」。第二，這個概念是否滿足理性的系統意涵（Systematical import），也就是這個概念，是否與其他同類概念具有某種系統的關聯，例如政治理論中的保守派、自由派、左派、右派、基本教義派等等，可以在政治光譜中，予以系統性的描述。通常一個概念如果能同時具備有這兩種條件，才可稱之科學概念。

有時為了讀者理解抽象概念，學術界常常採用模型、比喻、模擬、圖解、說故事等等方式來解釋或理解複雜及抽象的科學原理。一般所稱的科學概念，又可細分為三種類型：(1)描述的概念（Descriptive concepts），包括直接的描述概念，如等高線、等雨線、坡度、高度、梯子、桌、椅、實體模型等等；間接的描述概念，如水工模型、風洞模型、統計圖示、權力、權威、財務報表、稅後淨利等等；(2)類型的概念（typological concepts），指強調經驗意涵的抽象概念，如理性人、經濟人、社會人、政治人等是；(3)理論的概念（theoretical concepts）如引力模型、競標地租、最大熵（Entropy）、

競局理論（game theory）、益本分析（benefit/cost analysis）等是。無論是自然科學或是社會科學，學習一些抽象的科學概念，絕對有助於對該科領域的了解與認識，這些基本的科學概念通常會以《專有名詞》或《專業術語》的型態出現，如電流、磁力、氧化、循環、生長、蒸發、光合作用、器官運作、地殼移動、粒子等等。

　　當我們想要發展出一種概念時，首先吾人必須先發展出與此一概念有關的一些語言或術語，並予以嚴格的界定。例如結構（Structure）一詞，可能有四種涵義：組織（Organization）、機構（Institution）、狀態（State）及系統（System）；又如控制（Control）一詞也可能有五種涵義：權力（Power）、影響（Influence）、權威

「模型可以顯示現象、事實與理論，清楚的表達一些科學的概念，圖為利用虹吸管原理進行灌溉引水的台中縣白冷圳引水灌溉模型」

（Authority）、法治（Legitimacy）及連結（Linkage）等；生活品質（Quality of life）也可以有幾個面向的涵義：平等（Equality）、自由（Freedom）、秩序（Order）、進步（Progress）等[2]；又如財務管理中的損益表（income statement）可能與收益、費用、淨利、盈餘、盈利有關等等；這些與概念有關的術語或專有名詞，如果使用得法，可以讓吾人更清晰的了解所欲表明的概念，但如果誤用（Misuse）或濫用（Abuse）都可能產生混淆甚或極嚴重的危機。因此一種科學概念及其有關的專門術語不僅僅是提供一項表達的工具，同時也提供一項可能的思考方式[3]。

(三)計畫學的研究課題

計畫學（the Study of Planning）是一種綜合應用的社會科學，目的在如何將社會科學上所獲得的種種知識或技巧，實際應用於社會問題的解決。計畫學討論的問題有三：(1)何謂計畫；(2)為什麼要計畫；(3)如何從事計畫。

課題一討論計畫的概念（Concept）及範疇（Scope），包括如何界定計畫的本質（Naturality）、特性（Character）、原則（Principle）等等本體性（Positive）課題，也就是計畫的本體論（Ontology）。在中文或英文用語中，有許多與計畫涵義相似的詞彙[4]；對計畫的界定亦眾說紛紜：或基於公共政策的觀點（如：Charles E. Merriam）；或基於行政效率的觀點（如：John D. Millett）；或基於

---

2 Kay Lawson (1989): The Human Polity-An Introduction to Political Science (Boston: Houghton Mifflin Company), pp.34-49.

3 George Orwell (1984): Modes of thought Impossible (New York: New American Library), p.246.

4 在中文用語中，計畫的同類字有：籌謀、設計、企劃、方案、方針、規略等；英文用語中，計畫（plan）同義字有 Design, Project, Program, Scheme 等。

公共福祉的觀點（如：John Friedman）等等而有不同的學說[5]。

課題二討論計畫的價值（Value）與功能（Function），包括計畫與民主政治的衝突性、計畫與效率、效果的關聯性，也就是計畫的價值論（Valuation）或規範性（Normative）、乃至計畫典範（Paradigm）等課題。概括的說，計畫的價值論旨在討論計畫對人生、對社會、對人類全體的價值與得失，同時彰顯在政治上、行政上、經濟上及社會上的功能及效果[6]。

課題三旨在論述計畫理論如何形成、計畫理論在現實環境中如何應用及運作，包括規劃的工具、邏輯思考方法、規劃的程序、資料的蒐集方法、民意的收集與彙集、公共政策的形成等等，亦即是計畫的方法論（Methodology）問題。

㈣本書的探討重心

在這三個課題中，本書的重點旨在闡述計畫的方法論。方法論的問題，坊間出版的書籍，有著重社會科學的《社會科學方法論》，有著重政治科學的《政治學方法論》，有著重經濟科學的《經濟學方法論》，其他有《法學方法論》、《史學方法論》、《佛學方法論》、《科學方法論》、《教育學方法論》等等不一而足。而其採用的方法論述，有從問題實證著手，試圖以實證方式，歸納出觀念以及因果理論的《實證歸納法》，也有以科學假說為起點的《假說檢定法》；有以實例論述邏輯推論為主的《質化方法論》，有大量採用電腦統計程式諸如 SPSS、SASS 中的《量化分析法》；亦有分

5　我國學者邢祖援曾將規納為六個學派。參見，邢著「計畫理論與實務」。第25～30 頁。幼獅文化公司。民國 69 年 8 月。

6　華昌宜：對台灣綜合開發計畫規劃中實質計畫之意見。經合會都市計畫小組。及辛晚教：都市及區域計畫。第 27～29 頁。中國地政研究所。民國 73 年 2 月。

別從邏輯實證論、後實證論、與後現代主義等等不同典範的《典範變遷法》，其間的發展、爭辯與主張，可謂學派林立、競爭激烈。

　　計畫方法主要應用於解決未來不確定與發展的問題，期能以資源的最佳配置，來提高經濟效率與行政效能，計畫方法無疑的是一種社會科學方法，它不僅在判斷吾人業已獲得的真知灼見有無使用價值，而且更進一步的探討，如何才能有意義的獲取這項真知灼見，組合各項資源，形成行動的動力，使吾人能在某一問題的研究上有突破性的解決。

㈤本書的章節安排

　　本書對計畫方法學的探討，有一完整的系統觀點，介紹計畫方法學的發展與論爭，也儘量由實用的角度，解析合理規劃方法、資料處理分析方法、政策規劃方法、計畫評估方法，以及政府部門行政計畫的成案方法，全書章節安排重點如下：

　　第一章即開宗明義對計畫方法學做一歷史的回顧，並進一步討論計畫方法學的發展、論爭及今後研究的可能方向。

　　第二章探討計畫與計畫方法的概念，包括：計畫與計畫方法的意義、計畫與計畫方法學的特質與功能、計畫的層級性與計畫方法學的特色及計畫與行政三聯制。

　　第三章介紹計畫方法的系統觀，包括：計畫方法的系統觀概說、理論與模型的一般概說、空間系統與非空間系統、時間系統、政治系統與行政系統。

　　第四章探討合理規劃方法及其應用，介紹公共決策模型與計畫作業方式、合理規劃方法的理論基礎、問題（需要）界定與目標分析、尋求解決途徑並設計長程及短程行動方案、方案評估與計畫行動。

　　第五章研析資料處理分析與預測，探討資料處理的未來性、計

畫對資訊的需求、資料的處理、資料的分析方法、資料的預測方法。

第六章、第七章及第八章探討常用的計量方法及其應用，包括：計量方法的分類、數學方法、微分方法、一般統計方法、多變量方法、虛擬變數法、系統分析方法、機率方法、貝氏統計方法、電腦模擬與抽樣方法。第八章介紹計量方法應用——以因子分析為例。

第九章探討政策規劃方法，包括：政策規劃的基本概念、問題與需要的分析、確定目標與標的、界定發展政策與假定、溝通過程。

第十章研究一般評估方法，介紹評估的概念、假設或假說的評估、理論或模型的評估、計畫或方案的評估及計畫或方案評估方法的比較。

第十一章則為計畫評估實例研究，包括：實例的概說、引水灌溉計畫、水資源計畫及運輸計畫等實例研究。

第十二章介紹政府部門行政計畫方法，包括：行政計畫與施政計畫的概念、綜合規劃的意義、中（長）程計畫、年度施政計畫、計畫預算的概念、分期發展計畫的研定及行政計畫合法化等。

計畫方法學的回顧

㈠科學方法的起源

科學方法（scientific method）可說是源起於哲學（philosophy），哲學一詞，於西元前 6 世紀，以研究神秘主義，鍾情數字理論的希臘哲人畢達格拉斯（Pythagoras, 582-500B.C.）首先使用，他認為真正的智慧，只有神才具有；而人最多只是個愛智慧者。「愛智」即是哲學最原始的涵義。科學方法源於哲學，而其間最大的分野，在

於哲學中的頡頏爭勝之假說,極難以嚴格辨明與判斷;而科學的推理常屬可能,且一般均能獲致最後之結果。

(二)現代社會科學的發展

科學方法講究的不是直覺而是觀察,之所以有這樣的觀察,主要是基於自然界的各種現象都有其順序性與規律性,每種現象都有其原因,只要我們了解原因,就自然能得知現象。

現代社會科學的發展源於西方世界,但並不是說,中國不曾發生西方的科學方法,論語衛靈公篇曾有「工欲善其事,必先利其器」的說法,亦可說明孔子對科學方法的重視。事實上,古代中國的確產生過偉大的科學方法,例如畢達格拉斯所發現的畢氏定理(Pythagoras' Theorem),又稱「商高定理」或「勾股定理」,這個定理說明了直角三角形三邊的關係:斜邊的平方等於另外兩邊的平方之和。中國早在三國時代東吳國數學家趙爽的《周髀算經注》中得到證明;同一時期魏國的劉徽所編寫《九章算術注》中也成功的以「出入相補原理」──把圖形分割若干塊後,各塊面積和等於原圖面積的原理證明「勾股定理」[7]。

近代社會科學的發展概可分為四個時期:(1)醞釀時期(18世紀中葉以前);(2)奠基時期(18世紀中葉～19世紀末期);(3)成長時期(19世紀末期～1945年);(4)收穫時期(1945～現在)[8]。

方法論的探討最早可追溯自柏拉圖(Plato, 427?-347? B.C.)和亞里士多德(Aristotle, 384-322B.C.),亞里士多德可以說是歐洲哲學的創基者,他的著作以邏輯學論文為首,稱為「Organon」(意思

---

7 參見 http://www.geocities.com/Tokyo/Fuji/1335/pyththm.html.

8 魏鏞:社會科學的性質及發展趨勢。第28～51頁。台灣商務印書館。民國71年11月。

是明白哲學理論基礎的工具）。其次是關於大自然的文章，其中在
《物理學》（「Physics」）中，他指出了解釋自然世界的原理。亞
里士多德又曾對自然世界的各方面進行詳細研究，包括動物解剖、大
自然中的創生及腐化過程以至天文及氣象學等。透過觀察、分析與推
論，亞里士多德的研究成為歐洲哲學的基礎，當然其中也有許多是
錯誤的，例如地動說、物體運動說等等，最後都被證明是錯誤的[9]。

　　但真正把社會事實當成一種客觀現象來分析，促成了科學方法
的發展，可說是 16 世紀培根（Francis Bacon, 1561-1626）與 17 世紀
的笛卡兒（Rene Descartes, 1596-1650）的近代歐洲哲學，培根是和
莎士比亞同一時代的英國偉大作家。集科學家、哲學家、政治家、
文學家於一身，他曾經擔任過外交官，後因遭人指控罷官，最重要
的文集是《培根論文集》，培根認為知識是認識自然、駕馭自然的
力量，人類統治宇宙萬物的權力深藏在知識中。笛卡兒則是稱為
「近代哲學之父」，笛卡兒與同時代的「新哲學家」為科學思想開
展了一個基礎性的典範轉移，至今還深深影響著我們；笛卡兒是傑
出的法國哲學家、數學家和科學家，他的《方法導論》、《沈思
錄》是其中最重要的兩本書籍。他的《我思故我在》，更是穿透人
心的名言。

(三)方法論的層次

　　廣義的說，科學的方法學包含三個層次：(1)哲學的方法論（Meth-
od）；(2)研究的方法論（Approach）；(3)操作性的科學技術與工具
（Technique）。

　　第一層次的方法論，也就是哲學的方法論，英文稱為Metaphys-
ics，據信創於亞里士多德，本義是「物理之後」，中文稱為形上

9　http://www.phy.cuhk.edu.hk/astroworld/history/history_astronomer_2_2.html.

學，形上學可說是一切科學思想之所生的根源，以此衍生出來的方法主要有二，一是演繹法（deductive），也就是理論研究（theoretical study），主要由觀念（idea）出發，發展假設前提，再推演一般化的結果，最後加以印證。二是歸納法（inductive），也就是實證研究（empirical study），以大量的證據資料，建立相關的變數關係，如蒐集的資料全部符合某一法則，則可以推求一般化的法則，如蒐集的資料部分符合某一法則，則必須再增加資料加以驗證，直至滿意的水準，如蒐集的資料完全不符合預設的原理原則，則應重新建立理論的原理法則。

第二層次的方法論可以說是《研究方法》，主要以社會及行為科學之領域為範疇的研究方法或研究法，具體的包括觀察法、分析法、演繹法、調查法與實驗法。第三層次的是研究技巧，主要有描述性研究技巧、樹型研究技巧、質化與量化研究技巧、民意研究技巧、調查研究技巧、個案研究技巧、關係研究技巧等等。而無論是哪一層次的方法學，其目的均是為了描述現象、解釋現象、分析現象、預測現象與控制現象。

以研究的方法論而言，經常使用的研究方法，大致可歸納為五類十種研究方法：(1)理論研究法與事實研究法；(2)靜態研究法與動態研究法；(3)比較研究法與生態研究法；(4)生理研究法與心理研究法；(5)間接研究法與直接研究法。這十大類研究方法，又可以根據不同的學門而發展出更精細的分類，如都市研究可以有六類研究方法：(1)依據研究面向（dimension）可區分為交叉研究（cross-sectional approach）、時間序列研究（time-seris approach）、趨勢研究（trend-surface approach）；(2)依規劃程序（planning process）分，可區分為目標導向研究（goal-oriented approach）、問題導向研究（problem-oriented approach）、專家導向研究（profession-oriented approach）、民意導向研究（civil-opinion approach）、綜合導向研究（comprehensive-oriented approach）、專 案 導 向 研 究（program-oriented approach）、圓周式規劃研究（rolling-planning approach）、直線式規劃研究（line-planning approach）、半圓周式規劃研究（semi-rolling-planning approach）等等；(3)依方法性質可以區分為定性研究（qualitative approach）與定量研究（quatitative approach）；(4)依應用範圍（applied fields）分，可分為人口研究（population approach）、經濟研究（economic approach）、土地使用研究（land-use approach）、交通運輸研究（transportation approach）、環境生態研究（environmental approach）、住宅研究（housung approach）等等；(5)依功能（function）分，可區分為設計研究（projection approach）、分派研究（allocation approach）、衍生研究（derivation approach）與衝擊研究（impact approach）；(6)依經驗（experience）區分可分為整體研究（aggregated approach）與細分研究（disaggregated approach）。可以說，社會科學發展至今，方法論儼然成為社會科學研究的基本工具。

㈣方法論與規劃過程

　　由於方法論所探討的重心是如何推理、如何驗證的科學，所以一般又稱為科學的哲學（Philosophy of Science）、科學邏輯（Scientific Logical）或科學學說（Scientific Essay）。計畫方法學基本上乃脫胎於社會科學方法而自成一格——以「規劃」為重心的方法論。圖1-1可看出科學方法與計畫方法的相互關係。其共同的特色有三：

　　1.無論是科學方法或計畫方法，其研究的對象認真來看，即使雜亂無章，也有一定的規律可循，此種規律可以透過精密的歸納（Induction）及演繹（Deduction）的方法獲知。

　　2.計畫方法是一種特殊型態的社會科學方法，研究的目的都是為了描述、分析、解釋、了解和預測研究對象，並從研究的結果得到新的知識，只不過計畫方法更加強調方案的產生與評估控制。

圖 1−1　科學方法與規劃過程的比較

科　學　方　法	特　　　　　性		規　劃　過　程
前提（假設） ↓	特殊	歸納	問題與需要界定 ↓
公理（假說） ↓	↓	↓	系統目標界定 ↓
觀察 ↓			調查與分析 ↓
實驗 ↓	↓	↓	預測與模擬 ↓
驗證 ↓			方案產生與評估 ↓
一般化（結論） ↓	↓	↓	控制與執行 ↓
回饋修正→►→	一般	演繹	◄─檢討修正

3.無論是科學方法或計畫方法所運用的方法或分析的過程都可以為人所了解，所導出的結論都只有局部的、相對的正確性，而非永久性的權威，但人類可藉由資料的獲取，得到更具一般性的水準。

㈤計畫方法學的發展

現代方法學由培根起算至今不過四、五百年左右，而將各種社會科學方法應用於計畫領域中，也不過是最近半個世紀的發展，特別是二次大戰以後，發展出來的作業研究（operation research）、系統分析（system analysis）、計畫評核術（program evaluation and review technique，簡稱 PERT）、一般系統理論（general system theory）、計量方法（quantitative method）、統計用類集程式諸如 SPSS、SASS，乃至於 office 相關軟體與資訊科技的突飛猛進，如電子布告系統 BBS、全球資訊網 www、多人交談系統火腿 IRC、檔案

存取系統FTP，乃至政策分析（policy analysis）的興起與發展等等，均大幅的充實計畫學的內涵，擴展了計畫方法的領域。1980 年以後，隨著衛星通訊與網際網路的逐漸成型，TCP/ IP的問世，Internet的無遠弗界，使得知識經濟時代逐漸形成，計畫方法更加充實其領域與應用範圍。

計畫方法學的論爭

㈠方法論的論爭

如前節所述，早期對方法論的探討充滿了強烈的哲學意味，而不如後世經驗科學的嚴謹周密。在方法論的發展史上，由於觀點不同，論述自然有異。所謂社會科學的研究，正如一般科學所追求的，是對既有的現象進行理解、解釋並預測；並隨從科學嚴程度的要求，一些無預設、無價值中立的概念也相繼被建立，這即涉及方法論的建立問題，由於來自不同研究過程中，對研究成果取得的嚴謹程度不同，有效性、信賴力與說服力也自然有所差異。不同的學科由於在研究方法上相互受到其他學科的影響，而對於規劃這種整合性的科學研究，其間的交錯影響更是錯綜複雜，而方法論之間的論爭，不僅無損於規劃方法學的發展，可能更有助於彼此的比較與融合。

㈡價值與超價值的論爭

價值的涵義極為廣泛、也甚為分歧，但一般均視為規範科學的範疇。它所探討的是人生目的與人生意義，而非真與不真。所謂價

值判斷是指涉及兩種相對形式的兩價判斷（Bivalents[10]）；也就是在描述某一客觀事實時，同時含有評價者的態度及評價所依據之因素。所謂超價值判斷，亦即「價值中立」；也就是不加評價者主觀好惡的研究法。

價值判斷的論爭，最早發生於經濟學的研究中，一般稱之為國民經濟近期的方法論爭[11]。此一論爭以韋柏（Max Weber, 1864-1920）與史末勒（Gustev Schmoller, 1838-1917）最為著名。韋柏認為經濟學的研究應以超價值的觀點探求經濟問題的成因，並以演繹法來推求各種可能的結論，才能尋出真正的問題及可能的對策。史末勒主張凡涉及現實社會的問題都離不開價值判斷，因此對經濟學的研究，應以實際經驗為基礎，以歸納法來尋求真正的問題及最有效的對策。就規劃師而言，由於人的智識有時窮，計畫者在了解或認知研究領域時，面對著複雜的現實環境及不確定的未來，往往必須有敏銳的觀察力及適當的研究方法才能掌握機先，提供決策者適當的資訊，俾便為最佳之決策。

(三)普遍化與特殊化的論爭

經驗世界的各種現象是否可以經由一個一般化的陳述，而歸納出一系列的原理？彌兒（John St. Mill, 1806-1873）主張複雜的社會現象，可藉因果律而求得客觀的、統一的答案。另一派學者則主張社會科學不同於自然科學；一般化的統一觀並不能完全解決真實世

---

10 兩價判斷（Bivalents）係相對於一價值判斷（Monovalente）而言，凡涉及如美與醜的兩造價值判斷稱為兩價判斷，一價判斷又稱「存在判斷」，係指非規範科學中，其起點與終點皆為物理事實之判斷。

11 此一論爭源起於德國早期的經濟學研究中。請參考：洪鎌德：現代社會學導論。第23～26頁。台灣商務印書館。民國72年11月。

界的各種現象。亦即陳述的真實與經驗事實並不完全契合。

就計畫方法而言；是否可以尋找出一套規範而適應各種不同情境？還是需針對各類不同情境而有不同的計畫方法？由於計畫者各所面臨的是一個系統的環境，當然可以尋找出其變化的脈絡，惟複雜的系統變異，吾人是否可以完全解釋或掌握？如果不能，僅有的一套規範是否可以完全適用？

一般而言；計畫方法的發展往往由一般化的原則開始，而逐漸進入個別的、特殊的領域。在計畫方法學的研究中，吾人常稱由兩種不同的模型結合成的操作化模型為一般化模型（General Model）。

㈣先驗與後驗的論爭

先驗（Priori）是指無須驗證而自明存在的規律或準則，或者說是純理論而尚無事實驗證的學說；後驗或稱後設（Meta）是指經試驗證明屬真的規則或陳述，或者是諸多事實及事證所歸納出的原理原則，並進一步予以闡述的說明。例如擲銅板，出現正面及反面的先驗機率各為 1/2，此則先驗的規律；如果連續擲銅板一百次，經記錄：

正面—48 次　　　　　　反面—52 次

故吾人可得擲銅板一百次之後驗機率：正面 48/100，反面 52/100；討論計畫方法必然牽涉如何預測，預測的結果是一回事，事實的結果又是一回事，而如何解釋事實又是另一回事，如何在各種預測方法中，採用一套最符合實際需要的方法，便成為重要的課題。

㈤民主與專業的論爭

計畫究竟是應以專家導向為主流，還是應著重民意基礎為主流，是一項頗難以抉擇的問題，特別是當專家的看法與民意的看法兩歧時，更顯現出彼此的矛盾性，隨著民主政治的發展，民意成為

評論公共政策的重要標準，計畫作為公共政策的重要環節，能否通過民意的考驗，也成為公共政策能否施行的重要依據，從民眾的角度來思考問題，而非由專家的角度來思考問題，成為政治決定著的重要取向，規劃的重點從如何規劃移轉到如何說明、如何納入民意成為當代的主流思想。

計畫方法學的定位

(一)社會科學的分類

社會科學是探討「人」及「人的活動」的科學，他所關心的是關於人類社會及其發展規律的軌跡。可以說，社會科學的主要研究對象是人，包括人的心理、人的行為、人與人的關係、人與物的關係、人與環境的關係。因此，社會科學可說是一包羅萬象的學域，到底社會科學包括哪些學科，不同的學者始終有不同的看法。

1930年出版的社會科學百科全書（Encyclopedia of the Social Science）將社會科學分為純社會科學（purely social sciences）、準社會科學（semi-social sciences）和社會應用（social implications）三大類。純社會科學包括政治學、經濟學、歷史和法學（jurisprudence）等較古老的學科，以及人類學、刑罰學（penology）、社會學和社會工作等新興的學科。準社會科學則包括倫理學（ethics）、教育學、哲學和心理學。社會應用則包括都市計畫學、測量學、地理學、財政學、會計學等等。

1968年出版的國際社會科學百科全書（International Encyclopedia of Social Science）認為社會科學包括：人類學、經濟學、地理學、歷史學、法律學、政治、精神病學、心理學、社會學、統計學等

十個學科。

　　由於社會科學所致力建構的是概念系統，而非具嚴謹意義放諸四海而皆準的理論，社會科學到底包括哪些學科，往往眾說紛紜，我國學者魏鏞博士[12]曾將王雲社會科學大辭典中選定人類學、心理學、教育學、政治學、法律學、經濟學、行政學、統計學、歷史學、地理學及國際關係等十二學門加以分析，歸納成五大類：(1)基本社會科學；(2)應用社會科學；(3)規範性的社會科學；(4)分析性的社會科學；(5)記載性的社會科學。其類別相互關係如圖1-2。

㈡計畫方法學的科際整合

　　由於人類所面對的是一個複雜而多變的環境，為了要解決萬端

圖1-2　社會科學的分類

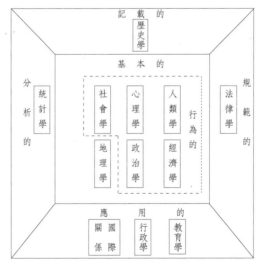

資料來源：魏鏞，社會科學的性質及發展趨勢。第71頁。

---

12 同註八。第69～71頁。

複雜的問題，計畫學特別強調各種學科的科際整合（Interdisciplinary Integration），所謂科際整合，不僅是指學科間的整合，也是部門間的整合，更是資源的整合。計畫師必須有敏銳的眼光，才能透視社會環境的變遷；也須具備有各項分析工具與科學方法才能針對事象的來龍去脈，預測未來可能發展的趨勢，並建議可行的方案而付諸實施。

特別是人類在跨越 20 世紀，步入 21 世紀以後，科學技術突飛猛進，開創了史無前例的輝煌文明，也帶來了前所未有的環境破壞與資源浪費。科技愈發達、專業已無可避免的愈來愈細，分工愈精細的結果，更加突顯整合的重要性與必要性。社會的進步雖然大幅度提升了人們的生活品質與水準，但在各自發展欠缺整體溝通的情況下，依賴關係越來越依賴，但人際關係卻愈形疏離淡漠。而學術研究方面，各學門益趨專門化及分殊化的結果，亦在彼此之間造成隔閡與偏執，對國家社會整體的均衡發展產生不良影響。

歐美先進國家的有識之士，早在 1940 年代即對此有所警覺，而開始強調科際整合的重要性。他們認為惟有融合相關學門，集思廣益，方不致因高度的專業分工，而造成學科間的疏離與隔閡。因此，紛紛成立跨學科的科際整合研究組織，其參與者都是各界學有專長的高級知識分子。他們關懷的重心，從自身的事業延伸到社會，並且積極從事科際整合式的研究，把成果推廣至社會，以解決實際問題，共同創造人類美好的明天[13]。

方法論可說是社會科學研究的基本工具，計畫學所涉獵的學科又非常廣泛，包括政治學、歷史學、經濟學、財政學、社會學、行政學、地理學、法律學、統計學、心理學等等。圖 1-3 顯示計畫方法學為中心的科際整合關係。

---

[13] 參見 http://www.sinica.edu.tw/~cida/introduction2.htm.

圖 1-3　計畫方法學的科際整合觀

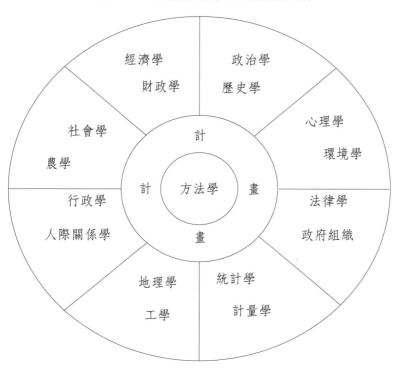

計畫方法學的發展

　　人類社會從傳統農業時代的農業經濟，發展到工業時代的產業經濟，再到資訊時代的知識經濟的過程中，進步的速度可以說是一日千里，新的思維不斷地產生，舊的思維也不斷被取代，計畫方法學亦如此，仔細分析，其發展的方向，大致依循五個脈絡。

㈠由靜態的藍圖式計畫趨向動態的規劃過程

　　或許是傳統「長治久安」、「人定勝天」觀念的影響，早期的

計畫師重視藍圖式（Blueprint）規劃結果，計畫一經定案，絕不輕言修改，計畫之目的為編寫一本計畫書，至於規劃過程則甚少重視。但實際來說，幾乎沒有計畫可以照原訂計畫書來加以完成的；因為吾人所面對的是變幻莫測的環境，而「人智有時窮」，所以，20世紀70年代以後，隨著民主政治的發展，民眾的參與非常重要，因此，現代的觀念認為計畫是一種動態的過程（Dynamic Processing）。所謂「動態的規劃過程」，其涵義有三：(1)計畫是一種學習、認知的過程；(2)計畫是一連串理性決策、選擇的過程；(3)計畫是一系列檢討修正的過程。此一動態循環的過程，可以圖1-4顯示。

(二)由強調一般計畫（General Plans）趨向於強調特定的重點計畫（Specially Focused Plans）

以往計畫特別重視計畫書的普遍性與固定性，計畫項目並不重視精細的設計，所以稱為一般計畫。其缺點為一個一般性的計畫涉

圖1-4　動態規劃的循環過程

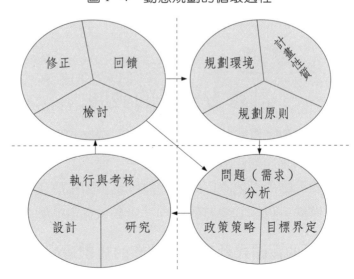

及的部門往往相當多,各部門的執行項目倘非劃分明確,往往由於部門角色的不易確定,導致計畫執行不易,其或勉強執行,各部門又囿於門戶之見,常使計畫執行大打折扣,而影響計畫效果。因此,如何將一個一般計畫予以延伸到某一特別部門或特別的服務,便成重要的發展趨勢,以一般計畫為藍本來發展部門別或功能別的特定重點計畫,便成為重要課題之一。例如:將水資源規劃更精細的延伸到污水水道計畫或工廠公害防治計畫,即是此一性質。

(三)由綜合規劃(Comprehensive Planning)趨向政策規劃(Policy Planning)

　　傳統的計畫特別重視綜合規劃,所謂「綜合」,其意有四:(1)是綜合經濟、政治、社會、文化等各領域;(2)區域間空間的綜合;不僅注意到某一地區的發展,同時也注重因應各地區的特性而均衡發展;(3)時間的綜合,不僅顧及過去及現在,也注重未來的發展;(4)部門間的綜合;也就是各部門間的上下一致,左右協調配合。

　　由於一個建全的計畫往往包括目標設定、政策確立、方針決定及方案汰選等一系列的過程,計畫根據其執行的層次又有高層、次級、下級之分,綜合規劃強調計畫無論在何種階層皆需重視綜合的「科際整合觀」,但由於綜合計畫牽涉的執行部門若相當多,反導至執行不易,因此,目前已有將綜合規劃的綜合性質,予以提升至高層次計畫,而稱之為政策規劃,至於較低層級的計畫則以特定重點計畫的形式出現。

　　政策計畫在本質上是一個制定目標的計畫,也就是經由規範性規劃,建立合理目標的一種活動[14],可以說;政策規劃是綜合規劃

---

14 規範性規劃是相對於技術性規劃而言,規範性規劃強調建立行動的一般原則,而技術性規劃則強調特別的目標以及達成目標所使用的方法。見李瑞麟:政策計畫的研究。土地改革月刊。民國 68 年 12 月。

的一種特別形式，它嘗試將散見於各部門的政策、通則或指導原則予以彙整、解釋、調合其相互間的矛盾，以保證個別決策或計畫將遵循同一架構予以運作[15]。

㈣由個別的個人創作趨向集體團隊的整合創作

以往的計畫往往強調個人的智慧創作，而忽視其他有關人士的可能貢獻，由於一個計畫所牽涉的問題往往相當廣泛而複雜，個人智慧學識無論如何淵博，所謂「智者千慮，終有一失」，計畫單靠個人智慧，終無法竟全功。所以現在的計畫特別強調「團隊」的觀念，利用專家群來從事整體性的規劃，群策群力，才能使計畫更加完善可行。

㈤電腦模擬、網路架構與套裝程式的大量使用

從事計畫作業，往往需有大量資料待處理、分析或預測，這些工作倘由人工處理，往往費時、費力且易計算錯誤。

由於社會科學受 20 世紀 30 年代計量革命（Quantitative Revolution）的影響，以「量」的觀念取代「敘述」的觀念，逐漸成為風潮；60 年代以後，靠利用電腦處理大而複雜的資訊，並模擬（Simulate）現實世界的各種可能狀況，不僅快速而精確，加深計畫的可行性與應變能力。

70 年代由於電腦系統無論在軟體（Software）、硬體（Hardware）均有快速的發展，所謂資訊產業（Information Technology）的快速興起[16]，造成社會科學革命性的改變，規劃的組織、規劃的工

---

15 參見鍾起岱：策定政策計畫的方法。研考月刊第 84 期。第 45～52 頁。民國 73 年 2 月。

16 所謂資訊產業，諸如半導體產業、個人 PC、無線通訊產業 WAP、網際網路、軟體產業、固網、資訊法律等等均包括在內。

作、規劃的資料庫等等，均有長足的進步，又由於可以使用已設計或開發成功的類集程式（Package）來從事複雜的系統模擬（System Simulation），而地理資訊系統（Geographic Information System）及GPS衛星定位系統的發展，不僅可以成功的加入空間因素，進行各種模擬與測試，且可大量的節省費用、時間及人力。

　　加以20世紀80年代以後盛行的網際網路，資訊電腦化與資訊系統的建立，實為規劃方法領域第五個發展方向。圖1–5顯示資訊系統與模擬系統之相互關係。

圖1–5　資訊系統與模擬系統之關係

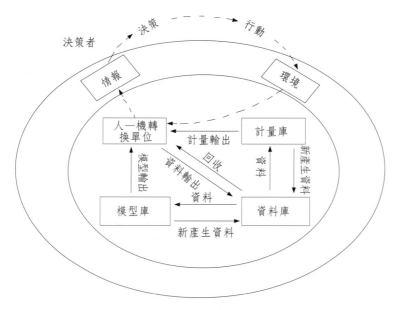

資料來源：劉玉山，「電腦在都市及區域規劃上之應用」，成大都市計畫系規劃師，民國69年第6期。

CHAPTER 2

計畫與計畫方法的概念

計畫與計畫方法的意義

(一)現代化的追求

從哲學的觀點來說，計畫一詞，基本上是與自由相對立[1]，計畫的提出往往是為了實現社會正義或社會公平[2]，有時也是為了資源的有效利用。近年由於全球化與自由化所導致全球競爭與科技化的趨勢，台灣產業結構出現明顯的轉型，加上社會經濟成長所引發對生活品質提升與環境保育的強烈需求，使台灣面臨新世紀的新挑戰，一個追求現代化的國家，在此潮流下，一方面必須陸續規劃許多新的開發計畫與發展策略，同時另一方面，也面臨著更為複雜多元的生存與發展問題。在此國土空間功能重建與整體環境的結構性變遷的大趨勢下，為求長期的永續發展，許多既有的規劃與發展課題，均面對著必須重新審視與檢討的挑戰，來能建構邁向 21 世紀長遠發展的基礎。

回顧 19 世紀末、20 世紀初，由於近代中國社會的統治危機伴隨著國外帝國主義、資本主義的入侵，許多朝野的先進思想家，包括龔自珍、林則徐、魏源、張之洞、左宗棠、劉銘傳、馮桂芬、馬建忠、鄭觀應、康有為、梁啟超、譚嗣同、嚴復、胡適、孫中山等人，也許主張不同、手段有異，但他們對進行現代化來革新國政，揭開了現代化的序曲。而現代化的第一步，必須是善於規劃者。

---

1 梁漱溟：東西文化及其哲學。台北：虹橋出版社。民國 57 年。及王濟昌：計畫的藝術。計畫經緯第 12 期（台中：逢甲大學，民國 77 年 6 月）。

2 Keith Dixon (1986): Freedom and Equality: the Moral Basis of D. democratic Socialism (London: Routledge & Kegan Paul).

國父孫中山先生可說是善於計畫者，他於民國10年7月8日致函廖仲愷先生的短信中，述及計畫一詞者，即多達三十五處 [3]，再20世紀而言，計畫已成為世界各國無論是資本主義國家、社會主義國家或共產主義國家追求國家現代化的一項極為重要的手段；在21世紀，計畫也是國家追求進步、領先的重要工具。

(二)計畫的意義

計畫（Plans）或規劃（Planning）一詞的定義眾說紛紜，在不同的領域往往有不同的說法。我國文字中類似計畫的用語頗多，如：方案、方略、企劃、設計、策略等是；英文詞彙中亦有類似用語，如：Design, Project, Program, Scheme 等是。邢祖援（邢祖援，1970[4]）曾綜合米納突（John Millett）、卓爾（Yeheshel Dror）等學者的定義，將之歸納為六學派，如表2-1。邢氏並為計畫下了一個綜合性的定義[5]：

「計畫是一個團體，為達成其共同目標，先期運用集體智慧，以邏輯思維程序，蒐集有關資料，選擇最佳可行方案，釐訂工作方法，劃分進行步驟，分配各級責任，律定協調關係，有效運用各種資源的一種準備過程。」

卓爾（D. Yeheshel Dror, 1963[6]）則認為：

「計畫是透過一連串理性的抉擇，為未來行動而研定的一系列決策，指導以最佳的途徑來實現目標，並從其結果學習新的決策及

---

3 見徐文珊：國父遺教三民主義總輯（台北：台灣書店，民國58年8月）。第755頁。

4 參見邢祖援：計畫理論與實務。第22～33頁。幼獅文化事業公司。民國69年8月。

5 前揭書，第30頁。

6 參見 D. Yeheshel Dror (1963): The Planning Process A Facet Design in IRAS.

新的目標的一種過程。」這裡所謂的「過程」包括三種：擬定的過程、審議的過程與執行的過程；所謂「一系列」強調的不是單一的決定，而是一組的決定；所謂「未來行動」指的是計畫必須務實、實在，而非一種口號或空談；所謂「一連串」指的是為未來保留彈性及預備足夠的應變方案；所謂「實現目標」強調的是執行力與貫徹力；所謂「最佳的方法」是指使用最少的資源能夠得到最大效益的方法；所謂「學習過程」是指計畫過程中發現的新知識與新情報，可以改正吾人的缺點。

表 2-1　計畫的定義派別

區　分	來　源	對計畫所下定義
以公共政策為中心學派	美國國家資源局（U. S. National Resources Board）	計畫是公共部門有系統的運用其獨特知識以建立屬於共通享項之事業計畫。計畫是一種繼續過程，在可能範圍之內，一面減少摩擦及損失至最低限度，為選用及調節政府政策，檢討過去，展望將來，計畫非以具本體為目的，乃是一種促使人類生活富足，而有效使用吾人之所有，從苦難中能解救數百萬人民之手段。
	米爾門（Charles E. Merriam）	計畫乃決定國家政策時，有組織的活用社會睿智之一種努力，避免資源與政策衝突，謀求整體發展，而考慮其有關因素，展望將來，檢討過去之一種行為。
	史密斯（Harold D. Smith）	計畫是人類透過其思考而設定目標，為達成目標最單純，最自然的一種思維過程，計畫非但是廣泛設定國家目標所需要，亦為達到目標所不可缺者。

以行政效率為中心學派	史通（Donald C. Stone）	計畫之核心，在編定計畫每一過程中所作之決定。（任何大事業如欲獲得成功之管理與管制，對其將來之營運，必須有正確之構想與縝密之計畫，為使管理產生成果，所有之管理活動，必須有明確與合理之計畫，所有公共設施與事業不能脫離社會及經濟價值，為求秩序井然，獲得成長，長期及短期計畫更有需要性。）
	商委爾（Brehon Somervell）	有效管理的首要事項為正確認清目標，應執行之工作必須明確計算其數量，設定廣泛目標外，必須建立明確之計畫，以使計畫產生效用。
	米納突（John D. Millett）	計畫決定行政努力之目標，並為編擬實現目標手段之一種過程。計畫是促使人類慎重活動之一種努力，計畫是預測期望之一種結果，並為促其實現之準備手段，無計畫即不能期望有效管理業務之執行。
準備過程學派	凱爾（Karl Stefanie Allmayer）	計畫是對有機體之機關，或機能性之目標，於事前做智慧之構成。
	劉曼（William I. Newman）	一般言之，計畫即是決定在事前做何事。因此，計畫是業已設計妥善之行動路線，由此可知，計畫是非常籠統之人類行為型態。
	苟列克（Luther Gulick）	計畫是概括編擬事業所欲達成之目標，及實現其目標之方法。
思維過程學派	孔茲及奧唐諾（HaroldKoontz & Cyril O. Donnell）	計畫是一種經由合理的程序，對於各行動方案作有意識的決定，並根據目標事實和經過思考的估計，作為判定決策的基礎。
	道爾（Robert A. Dahl）	計畫是達到合理決定之一種社會過程。

	陶奈斯基（Ch. Thuretzki）	計畫是以預測經濟發展趨勢，嚴密觀察社會發展法則，作為最大限度，及最合理地活用社會所具有之勞動力及物質資源之意思。
	柯茲（Billy E. Goetz）	計畫的本質便是抉擇，計畫的問題係在發現別有一種行動途徑時方能發生。
	余伯泉	計畫是一種邏輯思維程序。
增進福祉學派	懷特斯通（Albert Waterston）	一般言之，計畫是運用智慧、組織，並選擇最好的方法，努力達成某一目的手段。經濟計畫則為政府有誠意並不斷的努力加速經濟和社會的進步，並積極消除達到此一目的之制度上的障礙，這樣一個政府即可謂之有計畫。
	瓦爾多（Dwight Waldo）	計畫是將適用於人類之科學教義，由人類來實現其目的之一種手段。計畫不但是連接目的與手段間之一種不可或缺的過程，更進一步說，計畫本身是一種具有鼓舞性之理想。
	費德曼（John Friedmann）	計畫是從事社會生活之人類，依其理性之力量，克服本身之困難，努力設計共同將來之活動，具有在急速變化之社會上增進社會「止於至善」之意。
綜合學派	西蒙（Herbert A. Simon）	計畫是為將來之一種構想，對此構想方案予以評價，及達成方案過程之有關各種活動，計畫是企劃者希望於將來可能左右其機關之一種理性思維程序。

	費夫奈及柏爾納斯（John M. Pfiffner & R.Vance presthus）	計畫本質上為較佳決定手段，亦是行動之先決條件。計畫包括某機關或某事業之目的何在？及達成其目的之最佳手段，由於政策、組織及社會環境，隨時有所變動，因此計畫必須具有繼續性與活動性。擴大言之，行政企劃應考慮政治目的，及實現其目的之適當方法。企業應編擬有效之營運程序，訂定執行過程中之督導技術。計畫在其過程中，能影響管理者之決策，預算調整，意見溝通等問題，簡言之，計畫即是管理。
	杜拉卡（Peter F. Drucker）	計畫是將企業家之決定，有系統的在可能範圍內，以至當智識思考，並有系統的組織，實現此一決定所作之努力，推測最後結果，是否能達到預定目標之繼續性過程。
	迪莫克（Marshall E. Dimock）	計畫即是展望未來之意。（法語為Prevoyance）為有效掌握將來問題，而展望未來，合理求取對策。
	權寧贊	計畫乃為求達成目標之最適當手段，對未來將採取之行動，及作決定之準備過程。
	路易士艾倫（Louis Allen）	計畫是基於可能發生的各種假定情況，所可規劃的通盤對策，是將來採取行動時所需的步驟，並須書面的寫出來。
	美軍軍語詞典	一個軍事行動所定之方法或計畫，預定實施指揮官之決心或企圖之方法，依情況，計畫可為書面的或口頭的，計畫包括一般狀況及任務，所屬部隊之任務，行政及後勤事項，指揮及通信等。

資料來源：邢祖援，計畫理論與實務。第25～30頁。

　　美國政治辭典（The American Political Dictionary）則將計畫界定為 7：「計畫是為未來經濟社會及實質發展之需要而為之準備及執行案。」

　　由此可知，計畫是為了某一目標而從事的一系列學習、準備、設計、安排與汰選的過程。計畫一詞，從靜態的觀點來看，計畫是一種行動的具體文件，如果只是行動之思維，稱之為構想或觀念即可。從動態的觀點來說，計畫就是規劃，也就是計畫過程。從比較靜態的觀點來說，計畫是一種修正的方案比較。而計畫方法則是在計畫過程中所應用的手段、技巧或工具。

　　現代「計畫的觀念」之所以強調連續性的活動與循環性的工作，主要是基於規劃是根據未來的推測來擬定，但推測本身不是充滿不確定性，就是與實際的情況有很大的差距，因此在適當的時刻加以修正，常常是有必要的；其次，人們的價值觀並非一成不變，所謂民意如流水，忽東忽西，當人們願望有重大變動時，也必須修正計畫；第三個原因是人畢竟不是上帝，很難未卜先知，有一些情況並非我們能掌握，因此，當突發事情發生後，計畫就必須加以調整。

(三)計畫方法的重要性

　　對於一個充滿機會與挑戰的社會，常常需要一點運氣與善加把握的時機。在知識經濟的時代，「創意」從某個角度來看，就是把握機會，也就是捕捉先機。只是「創意」常常並非只是驚鴻一瞥的靈感，而必須經常做許多工夫，再把創意實現，作進一步的發展，其中也有許多學問。「方法學」是許多學問的基礎，它可以說是各

7　Jack C. plano, Milton Greenberg (1979): The American Political Dictionary (Holt, Rinehart & Winston), p.455.

種科學研究的命脈。在包羅萬象的學科中，要如何才能登堂入室，最基本的當然是「方法」，只要掌握了它，便算是已經踏入研究學科家族的玄關。我國小說中，有「點石成金」的故事，若說規劃前的現實環境是「石」，計畫的結果是「金」，那「點石成金」的過程即是規劃，而點石成金的手指即是計畫方法。計畫的結果是點成的「金」，量終有限，計畫方法則是點石的「指」，可以產生無窮的金，可知計畫方法論的重要了。

計畫的特質與功能

(一)計畫的特質

「計畫」在準備階段，常常必須以問題對象的相關知識，包括：科學、技術為內容，運用概念、分析、演繹、判斷、證明和反駁等邏輯思維手段，進行逐步分析、闡明事件的來龍去脈和發展的原理、規律、定律。因此，「計畫」在本質上是對未來行動方向的一種抉擇，所以具有先期性與機先性的特質。其次，計畫是一種整合性的科學，所以具整體性、綜合性、交錯性的特質。計畫是理性思維的過程，所以具有邏輯性、前後連貫、左右一致、上下配合的特質。而計畫的內容必須具備客觀性，闡述的事實必須是客觀存在的事實，即要求科學內容真實、成熟與可行；計畫的表達必須具備全面性，使用語言、文字或圖片等方式表達，力求文字簡潔、明確及全面性；計畫的結構必須具備邏輯性，計畫書結構所顯現的規劃內容必須符合邏輯推理、論證反駁等思維規律；而計畫的格式通常有一定的標準化格式，必須遵守其相關的法則。

(二)計畫的功能

　　計畫的積極功能，主要是幫助我們進行準備、實現理想與目標，消極功能則是避免重複、衝突、矛盾、浪費及製造新的問題。由於計畫具有綜合協調的功能，所以在政治上，可以喚起全民團結的共識，協助理想目標的實現；在行政上，計畫可以協調部門間資源的合理分配，協調個別計畫間的整合關係，增進分工合作與協調配合；在經濟上，計畫可以有效率的使用資源，並發掘社會潛在的資源；在社會民心上，計畫可以增進互相的了解，提升社會的親和力與安定性，促進社會不同階層的認同與融合；在目標上，可以促使構想清晰、目標、方向一致；在財務上，計畫可以使財務分配合理、經濟有效、收輕重緩急之功。

　　以都市規劃來說，整個都市空間其實可視為一個大型的政治、經濟、社會、地理與人文等綜合系統，而都市計畫的功能就是在將這個系統內之外部成本（如：空氣污染、水污染、噪音、固體廢棄物污染、資源破壞、居住擁擠、交通擁擠、里鄰效果等）以及外部效益（如：公共財、公共服務、景觀、開放空間、生態資源等）透過土地使用之分區配置、公共建設之留設、土地使用之管制、以及資源之保育措施等手段加以合理化與內部化。簡單的說，都市計畫就是用來匡導都市外部之資源空間配置計畫。一個都市若不加以合理規劃與從事公共建設，則資源之配置將無法達到最高之經濟效益 [8]。

　　而以綜合規劃來說，計畫可以增進了解，避免不必要的誤解與衝突，也可以激發國民或市民愛鄉愛國的向心意識，好的計畫，比任何政治文告、宣傳標語還要深入人心，綜合計畫也可以有助於國

8　參見 http://www.hlhg.gov.tw/work/word14.htm.

「都市的合理規劃，可以匡導資源的有效利用，也可以創造一個賞心悅目的都市空間」

家建立統一的全國性資料庫，增進決策的理性層次，同時可以開發社會的潛在資源，吸引外來的投資，增進經濟發展。

計畫方法學的特質與功能

(一)計畫方法學的特質

　　有時人們為了便於了解計畫內容，常常以圖、表或文字代表的人、物、時、空間、問題的關係，然而當計畫好不容易完成後，其間的矛盾卻出現了，這樣的矛盾常常代表問題的特殊性，而我們提

出解決問題的計畫，卻要求的是一般性。隨著科技的進步，我們有許許多多的計算工具、分析方法、統計類集程式，乃至電腦動態模擬，可以節省人力、金錢、時間等等可貴的資源，就計畫而言，計畫方法可能是檢視其中矛盾性最有用的工具。

計畫方法學是社會科學方法論的一支，因其研究對象並非一成不變，計畫的好，或壞，只是相對的概念，並非放諸四海而皆準，所以計畫方法本身或多或少有些爭論，這是計畫方法學的第一個特質。

其次；由於人類智識在時間的過程裡不斷進步，計畫方法學研究的是人類社會的一種工具，當然隨著人類知識的累積而日益發展，此為計畫方法學的第二個特質。

計畫方法學可說是社會科學方法論的一種整合性應用，從事計畫研究或計畫作業時，須特別注意所採選方法論的基本假設是否與現實研究環境的若干重要條件相契合，才能避免事實的結果與理論的結果有太大的差距，此為計畫方法學第三個特質。

最後；計畫不僅在強調「是什麼」，且須重視「應是什麼」，故計畫方法不僅在探討「是什麼」，最重要的是勾劃出「應是什麼」及「如何達成」，這可說是計畫方法學第四特質。

(二)計畫的目的

以規劃的目的言，有四種型態的規劃常被述及 9：(1)現有問題的立即解；(2)現有問題的未來解；(3)未來可能發展的趨勢解；(4)未來可能發展的目標解。第(1)(2)種規劃為現在而規劃，第(3)(4)種規劃則是為未來而規劃。規劃的目的既有不同，其可能選用的方法亦因

9　Berry, BJL. (1973): The Human Consequences of Urbanization (London: Mac Milan), p.18.

之而不同，規劃結果自然亦有差異。此在計畫方法學的研究中，不可不慎察。

㈢計畫方法學的功能

如前節所述，計畫方法學的目的在點石成金，所以化腐朽為神奇，化理想為可能是計畫方法最大的功能。其次，計畫是一種過程，計畫方法學則是推動計畫過程的重要工具，這是計畫方法學第二個功能。最後，計畫方法學可擴展吾人的視野心胸，協助發展處理事務的潛能，增強吾人分析是事理的洞察力和判斷力，這是計畫方法學的第三項功能。

計畫的層級性

㈠計畫的層次

由於計畫的涵蓋內容，可以很大而廣泛，也可以很小而專門，為了便於探討，一般通常將計畫分為三個層次。最上層為長程的策略階層（Strategic Level）的策略性計畫（Strategic Plans），主要目的在釐定遠程的目標方針或長程的政策架構，第二層為中程的指導階層（Tactical Level）的管理性計畫（Manage Mental Plans），主要是在策略性計畫的指導架構下，尋求最具效能的資源配置方案，此階層的計畫方法特別重視科際整合觀之綜合規劃，最低層次屬近程的技術階層（Technical Level）的作業管制計畫（Operational Control Plans），主要目的在研定達成目標最有效率的實施方案，所以特別強調特定的目標以及達成目標所使用的技術性規劃方法。

(二)計畫的層級性與計畫方法的特色比較

一個國家的社會經濟體制，無論是高度集中統一計畫經濟體制模式或是高度分散的資本主義經濟體制。計畫通常都會有層級的區別，這樣層級的區別通常表現在計畫部門與綜管部門的分工，由於計畫通常具有複雜性與強制性，常常必須靠有效的計畫管理體制，相互呼應、調適，方能維繫社會整體均衡運作與發展，計畫的層級性也就很有必要了。計畫的層級性與計畫方法的特色比較如圖2-1。由圖 2-1 可知，通常計畫的層級性愈高，其影響範圍、抉擇範圍及資訊範圍彈性就愈大，計畫的層級性愈低，其影響範圍、抉擇範圍及資訊範圍的彈性就愈小。

圖 2-1　計畫的層級性與計畫方法的特色比較圖

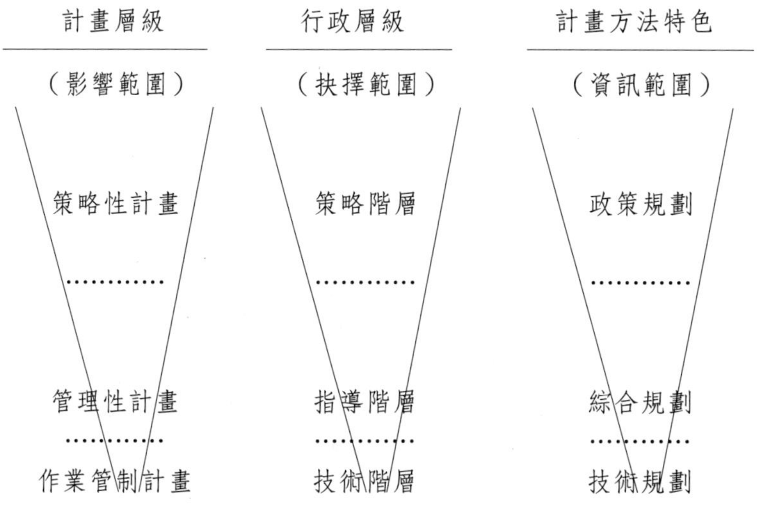

計畫層級	行政層級	計畫方法特色
（影響範圍）	（抉擇範圍）	（資訊範圍）
策略性計畫	策略階層	政策規劃
管理性計畫	指導階層	綜合規劃
作業管制計畫	技術階層	技術規劃

計畫與政策制定

㈠現代政策制定

　　現代公共政策與公共計畫的制定，有很大的部分，是為解決公共問題，增進民眾福祉；而由於社會環境的日趨複雜，使得政府所制定的政策亦逐漸趨於多元及專業化。各種利益團體或壓力團體，紛紛透過各種管道，影響政府政策或計畫的制定，這毋寧是現代民主國家普遍的現象，因此，通常一個政策或計畫的制定，可以解讀為利益團體團體競爭的結果，其表達的是一般大眾的集體利益。

　　2000年總統大選，展開了台灣的政黨輪替歷程，台灣民主政治發展進入一個全新的階段，在社會一片「向上提升」、「向下沉淪」的期待與激辯中，如何回應且試著從各個角度充實台灣政策分析的知識與能量，是台灣學界面臨的最大的挑戰之一。

㈡政策制定架構

　　20世紀的60年代，許多公共政策學者主張，完整的公共政策制定，包括政策形成（Policy Formation）、政策規劃（Policy Planning）、政策合法化（Policy Legalization）、政策執行（Policy Implementation）、政策評估（Policy Evaluation）、政策終結（Policy Terminal）等。在這個大架構之下，諸如外交政策、環保政策、兩岸政策、經濟政策、科技政策、財政政策、社會政策等等，於焉產生。

㈢行政三聯制

　　40年代我國的先總統蔣中正先生有感於抗戰勝利後，百廢待

舉，必須有最完整的計畫與預算制度設計，才能將資源做最有效的應用，因此他提出類似 60 年代學者所主張的政策過程，包括政策規劃、政策執行與政策評估考核，稱為「行政三聯制」。

行政三聯制源於先總統蔣中正先生於 1940 年，即民國 29 年 12 月在重慶中央訓練團的一篇講詞：行政的道理──行政三聯制大綱。他說：

「行政三聯制的理念是將計畫、執行、考核三項工作予以連結在一起，周而復始以促進行政的革新。計畫是行政三聯制管理哲學的第一步驟，計畫包括行政、經濟、國防三種設計。」

蔣先生主張，計畫是行政革新的原動力，但由於過去政府施政，不是沒有計畫，但卻由於各自為政，計畫彼此不相關聯，甚至產生矛盾衝突，重複浪費之弊，又由於「閉門造車」，計畫與執行不相關聯，常使計畫缺乏通盤性的考量，甚至頭痛醫頭，腳痛醫腳。所以今後政府部門如何加強計畫，落實行政三聯制，實為重要課題，圖 2-2 顯示計畫與行政三聯制的循環關係。

圖 2-2　行政三聯制循環關係圖

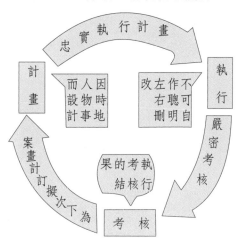

資料來源：邢祖援，計畫理論與實務。第 223 頁。

CHAPTER 3

計畫方法的系統觀

系統觀概說

㈠系統研究的興起

　　自然界的各種現象，往往有其順序性或規律性，吾人欲從其中發掘科學知識，往往必須借重各種觀察、驗證、推演、一般化等等研究過程。社會科學亦然，一般來說，在某一特定時空之下，由某種資料素材中分析或歸納而得的規律或規則，可稱為實證發現（empirical finding）；而研究的方法稱為實證研究（empirical research），通常從事實證研究，首先可以廣泛收集參考資料或文獻，決定計畫的目的和範疇，所要解釋的現象是什麼，所要檢驗的假設或理論是什麼，所要預測的趨勢是什麼，所要評估的政策是什麼，例如一項實證計量模型，必須先確認計量模型中解釋變數和應變數之間的因果關係（causality），釐清模型的異同及優缺點，思考改進文獻中現存模型的可能，最後決定實證計量模型雛形，初步調查是否有可以操作的相關資料，若無則實證模型設計的再好也無用[1]。

　　由許多實證發現所歸納、演繹所得的通則或法則，可稱之為模型（model）；在許多的個體模型所抽繹出來的理念或思想架構，而以一般化的正式陳述來表達，便可稱之為理論（theory）。計畫理論的目的是提供一個解決人類問題的思考方式或平台，因為當今社會如何發展，不僅是實踐要解決的現實問題，而且更重要的是發展出理論上急待解決的重大課題。儘管世界上現存的一百多個國家，社會制度各異，意識型態不同，但卻面臨共同的發展問題。這便產

1　http://ceiba.cc.ntu.edu.tw/econometrics/info_how_to_write.html.

生了許許多多不同的理論典範。

㈡系統的意義

無論是理論、模型或實證發現都有一個基本的前提,那就是在浩翰宇宙中,有一個系統(System)在操控著系統的元素互動,特別是 60 年代以後,系統的研究(Systematic Research Method)成為社會科學研究的主流之一。

何謂系統,眾說紛紜,在韋氏字典中,為系統(System)自專門學科到一般性學科列了九個定義。綜合的說,系統為在特定時空下,具有特定目的之若干具相互關係的要素所組成的一個可以互相回饋、交互運作的集合體。一般可將系統依分類、層次、廣狹更細分為許多次系統(Sub-System)。

「以系統的觀點來從事規劃,正如同交響樂團的演奏,許許多多不同的樂器與表演者共同奏出美麗動人的樂章」

㈢計畫方法學的系統觀

研究計畫方法，先要有一整體的系統觀，本書大致涉及六個主要系統：(1)空間系統；(2)時間系統；(3)行政系統；(4)政治系統；(5)社會系統；(6)經濟系統。如圖 3−1 所示。

在這樣的系統觀之下，出現了系統規劃（systemic planning），系統規劃可以說是一般系統理論（general system theory）、系統分析（system analysis）、作業研究（operation research）、決策理論（decision theory）、控制學（cybernetics）及空間規劃的混合物。系統規劃的程序，通常有七項：(1)澄清及確認目前及未來問題所在與問題相互間的關係；(2)推測未來問題的演變情形；(3)確認解決問題的可用資源與限制；(4)建立目標體系；(5)擬定備選的應變方案；(6)評估；(7)政策選擇與實施。

圖 3−1　計畫方法學的系統觀

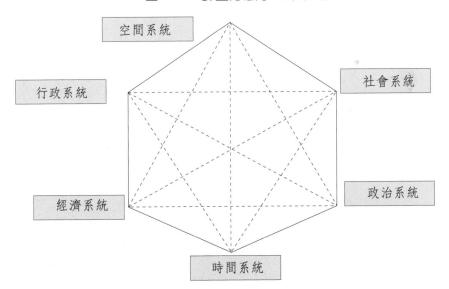

理論與模型

(一)系統的理論化

計畫方法學在本質上可說是系統的理論化或系統的模型化。而所謂理論（Theory）或模型（Model）均嘗試成功的來描述真實世界的某些現象，它們在概念上大致相同，但仍有些細微的差異。

一般而言；理論和模型的目的是在建立一套了解未知現象的規範，並設法預先認知未來環境下可能發生的事件，所以；理論和模型至少有三個共同點 2：第一，理論或模型的內涵，均試圖用嚴謹的邏輯語言予以表明所關注的要素，及要素間的關係。第二，在吾人所關注的現象及這些現象所存在的環境，理論和模型均試圖加以模擬（Simulation）或系統化。第三，理論或模型不僅試圖求得最佳解，同時亦須將所要求的最佳化過程加以系統化。

(二)理論與模型的區別

雖然理論和模型均試圖指出有關變數間的邏輯架構，然而其間仍是有區別的，理論在建立過程中，儘量引進概念性的變數，例如效率、效果、可及性、可居性等等，同時儘量使其間的功能性關係予以一般化。

而模型往往是理論特殊化的結果，模型的變數通常多屬研究中可以操作的變數，例如人口、職業、速度、小客車當量等等；同時

---

2 鍾起岱（陳小紅、謝潮儀指導）：都市居住空間模型之研究——以台北市為例。第 9 頁。中興大學都市計畫研究所碩士論文。民國 70 年 8 月。

為了達成實證目的，模型不得不受限於成本、資料的可獲性、資料的正確與否，及其時間性。

因此，模型可以說是用來表達事務在相同或不同情況的某種方式，模型從某一個觀點開始，捕獲事物中最重要的部分並且簡化或省略其他方面。在工程、建築和其他許多需要具有創造性的領域中都使用模型。表達模型的工具要求便於使用，例如建築模型可以是圖紙上所繪的建築圖，也可以是用厚紙板製作的三維模型，還可以用存於電腦中的有限方程式來表示[3]。

一個建築物的結構模型不僅能夠展示這個建築物的外觀，還可以用它來進行工程設計和成本核算，而一個實作模型（implementation models）包含建造這個系統的足夠資訊，它不僅要包括系統的邏輯語義及演算法、資料結構和確保此機制可以運作，而且還包括組織決定哪些系統作品是需要由人們合作來進行，哪些使用輔助工具來處理。這種模型所包括的組件（constructs）必須同時包裝（packaging）成適合人們可以理解及電腦可以進行轉換的形式。這不是目標應用系統的特性，而是系統構築過程應具有的特性[4]。

所以，模型所表現的是簡明的，而理論往往是含糊的概念。因此，模型較理論更為接近現實，一般將之視為「一個受關注系統的一些理論的正式陳述」；或是直接視為「理論的實證設計」。理論、模型與實證研究的關係可以圖 3-2 表示。

3　http://wisdomroot.fateback.com/artifacts/applyuml/umlref/purpose_of_models.htm.

4　http://wisdomroot.fateback.com/artifacts/applyuml/umlref/purpose_of_models.htm.

圖 3-2　理論、模型與實證研究

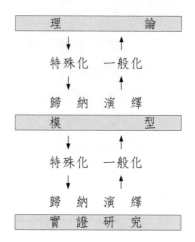

空間與非空間系統

(一)空間系統的概念

空間系統（Spatial System）是指與空間行為或空間活動有關的系統，具體言之；空間系統至少包括三個次系統：

1. 活動次系統（Activity Sub-System）：活動次系統是表示在一都市或聚落領域中，住戶、廠商及機構，乃至公部門所進行的日常生活方式；即人類及其所屬機構，為了追求人的需要和彼此間的互動，在特定時間於空間裡組織其日常事務。這些活動可以是各種目的如：政治性、經濟性、社會性、休閒性活動等等。依學者恰賓氏（F. S. Chapin, 1979[5]）的看法，可分為四類：(1)維持生計的活動；

---

[5]　Chapin F. Stuart Jr. and Kaiser Edward (1979), Urban Land Use Planning.

(2)社會活動;(3)社交活動;(4)休閒活動。

2.土地開發次系統（Land Developmental Sub-System）：主要是研究為了適合前一種次系統（活動次系統）的活動之土地使用情況，而改變或再改變空間的做作用。本次系統主要是說明供居住使用的土地（含不動產）市場運作，以及政府對土地使用和開發的審查和批准，亦即藉著市場的運作和政府的干預，使消費者得到其所需的區位和設施，開發者得到土地的報酬，同時，政府部門之開發目標亦能達成。

3.環境次系統（Environmental Sub-System）：主要是研究自然作用所產生的生物和非生物的空間狀況，環境次系統提供人類生存的活動範圍和棲息場所，以及維持人類生存的資源。本次系統所關注的是植物、動物生活及水、空氣等有關的基本作用。這些作用對活動次系統及土地開發次系統均有加強和限制的作用。

(二)非空間系統（Non-Spatial System）的概念

非空間系統（Non-Spatial System）是與空間系統相對稱而言，主要包括兩個次系統：

1.經濟次系統（Economic Sub-System）：乃是經濟個體為追求生存、發展或目標所形成的次系統。

2.社會次系統（Social Sub-System）：主要是指人口的質與量及其特性在空間上的分布情形，故涉及人口數量、組成、年齡結構、職業等等素質及空間分布等要素，又稱人口次系統（Population Sub-System）。

時間系統與價值研究

(一)時間的特性

時間具有不可儲存，稍縱即逝的特性，時間包含著過去（past）、現在（now）、未來（future）三種概念。俗語說：一寸光陰一寸金，寸金難買寸光陰。金剛經上也說：過去心不可得，現在心不可得，未來心不可得。時間之所以有價值乃因它具有使用於生產或消費的潛能。

(二)時間的價值研究

時間價值的研究最早見於哲學（如東方的孔子，西方的蘇格拉底（Socrates, 469-399B.C.），其後有應用於物理學者（如愛因斯坦（Albert Einstein, 1879-1955）的相對論，管理學者（Taylor, Mackenzie, Drucker etc.）。就社會科學而言，研究時間價值能自成系統並大放異彩的莫過於經濟學家，經濟學對時間價值的研究主要是分析、休閒時間及所得三種概念的相互關係（如：Marshall Hicks, Becker, 1965；Johnson & Ocrt, 1965；Evans, 1972；Wilson, 1972；Mooring, 1960；Weber, 1971；Lasso, 1971；Seesley, 1965）。

國內學者如趙捷謙（1978），楊淑貞（1982）則將時間價值理論應用於運輸規劃。至於時間價值為指標的時間預算研究，在方法上有（Robison, John，陳小紅[6]）：部門間比較法（Cross-Sectional）；

6　陳小紅：時間預算之研究——理論基礎實證發現。第11～62頁。五南圖書出版公司。民國71年8月。

(2)歷史研究法（Historical）；(3)國際比較法（Cross-National）；(4)
活動間比較法（Cross-Activity）等四種。

在都市及區域的研究中，Rosenbladt（Bernhard Von Rosenbladt,
1972[7]）首先利用二階段法，將都市活動、時間及空間融合在一起研
究，其目的在了解都市中所有主要活動產生的頻率、持續時間及動
向（包括活動產生之距離及活動穿越都市範圍之頻率），並以此為
基礎來探討都市的各項設施應如何配合。

基本上，人類活動在時間上的分配，可區分為生活必須時間、
約束時間及自由時間三項[8]，隨著科技之進步及生產力之增進，生
活水準的提高，生活時間結構必然產生若干的變化與改變，這些變
化與改變不僅影響政府施政的重點與方向，並且使生活圈結構興起
若干革命性的改變。

從事計畫作業無可避免的要考慮時間因素，例如為了要確保計
畫的進度在掌握之中，於是有了計畫評核術，為了要了解未來可能
的轉變，於是有了預測方法，為了要了解都市系統由某一時點到另
一時點人車的活動狀況，於是引進了熱力工程學中熵（Entropy）的
概念，可知時間系統也是計畫方法學的重要系統之一。

政治系統與行政系統

政治系統與行政系統合稱指導系統（Guidance System），意指
公共部門為達成公共利益企圖影響或指導各項公、私決策所從事的

---

7 同註六。第86～97頁。
8 生活必須時間指睡眠、飲食及處理身邊事務所需之時間。約束時間指工作、
　家事或就學所需之時間。自由時間指由生活總時間內減去上述兩項時間後之
　剩餘時間。

一系列政治與行政的運作過程。

公共利益的涵義甚為廣泛，一般可歸納為：健康（Health）、安全（Safety）、近便（Convenience）、效率（Efficiency）、節約能源（Energy Conservation）、環境品值（Environmental Quality）、社會平等（Social Equity）、社會平等（Social Equity）、社會選擇（Social Choice）和寧適（Amenity）等九項觀念。其涵義如表 3–1。

表 3–1　公共利益涵義表

公共利益種類	涵　義
健康與安全	健康與安全並非限於最起碼的標準，而是必須注意到最符需要的標準。其積極的意義不僅要求身體的健康與安全，同時也要強調心理和情緒的健康。其次，不僅在各種法規上訂定消極保障的條款，同時也利用各種公共計畫或建築設計來改善實體的生活環境。
近便或便利	任何一種施政措施，須考慮對人們所感受的近便性，例如運輸計畫提供居民快捷的運輸系統，土地使用計畫也須考慮到各種使用間彼此的近便性。
效率和能源節約	效率往往和最小成本的觀念有關，一個有效率的政府往往可以最小成本來達成各種開發或服務的目的，由於能源的稀少性，能源節約也成為效率衡量的重要因素。
環境品質	環境品質往往和健康有關，在現代化和工業化的蓬勃發展之下，產生許多公害——空氣污染、噪音污染、水污染等，這些都代表著環境品質的衰敗，如何在設計各種公共政策時考慮有關的環境作用，是非常有必要的。
社會平等和社會選擇	社會平等表示個人發展機會的均等與利潤的同享、成本的均等。社會選擇則是機會、利潤、成本的汰選。社會平等注意到機會限制的消除，社會選擇則積極的在創造選擇的機會。

在自由、民主的社會，公共利益為政府部門介入社會，行使公權力，提供合理的理由，而指導系統即為政府行使公權力的主要手段。對指導系統介入市場的評慎，一般稱之為政治可行性（Political Feasibility），它是計畫和行動的主要環節，乃是表示計畫或建議的方法被採行的可能性。

合理規劃方法及其應用

決策模型與計畫方法

(一)計畫與決策

計畫依其性質而分，可以有一次性計畫、年度性計畫、常備性計畫、持續性計畫與預備性計畫；依其組織層級來分可以有策略性計畫、管理性計畫與作業管制計畫之分；依其年期區分可以有短程、中程、長程與遠程計畫之分；依其內容包括所謂「5w1h」，即「what，why，where，when，who 及 how」；依其步驟分又有：問題、目標、變化、策略、資源、指標等。無論如何，計畫之目的在解決問題，刻劃未來遠景，並設計出達成未來目標所遵循的途徑和策略。由決策理論的觀點來看；計畫是一種公共決策，必須針對未來變幻莫測的情勢，透過合理的思維過程並運用各種科學知識，研訂出理性的決策。

所謂決策（Decision-Making）具有兩種特色[1]，第一，從程序面言，決策具有動態（Dynamic）的特色，從蒐集資訊、分析資訊系統、方案設計評估、汰選做成等，一個環結扣著另一個環結，形成動態的過程；第二，從決策的參與面而言，決策的參與者異質性相當高，如何溝通、協調、磋商作成一致的決定，便成為重要課題。

國內、外關於公共政策、決策分析或政策分析相關議題的論述浩繁[2]，多屬性效用模型、決策分析模型、決斷模型、資源分配模

1　鍾起岱：合理規劃方法及其應用。研考月刊第 96 期。民國 74 年 2 月。
2　參見林水波、張世賢：公共政策（台北：五南圖書出版公司，民國 73 年 10 月）。第 3 頁。郭昱瑩（2003）：公共政策：決策輔助模型個案分析。見 http://www.bestwise.com.tw/catalog/law/b3018-2.htm.

「計畫是一種決策選擇，不同的決策者、不同的決策模式、不同的決策
環境，往往會有不盡相同的結果，周詳的研究、商討常常可以增加成功
的機會」

型、成本效益分析、線性規劃、談判及衝突管理模型、群體決策模
型、理性決策模型、漸進決策模型、綜合決策模型、機關組織決策
模型、精英決策模型、競爭決策模型與系統決策模型，每種模型適
用的決策場合與政策類別均有不同。

　　典型的決策模型有三：(1)基於價值判斷一致性及充分資訊假設
下的純理性決策模型（The Pure-Rationality Model）；(2)著眼於現行
政策或措施不斷漸變修正的不連貫增進模型（Disjointed Incremental
Model）；(3)混合調整應用的第三種決策模型（A "Third" Approach
to Decision-Making）[3]。純理性決策模型所謂的《純理性》，必須列

3　可參考 Andreas Faludi (ed.)(1973): A Reader in Planning Theory。及辛晚教：都
　　市及區域計畫。第 25～33 頁。

舉所有的終極目標並權衡其優先次序，也必須列舉各種替選的價值體系、可用資源與相對重要性，仔細衡量各種政策途徑與利弊得失，最後再形成決策，是一種務求最好的決策模式。不連貫增進模型則通常強調比現狀好一點點，說的過去的計畫決策就可以交代了，因此不連貫增進模型通常沒有共同的一致同意的價值體系，價值與手段常常不是很清楚，所收集的資料只要夠用就好了，是一種且戰且走的決策模式，事實上，漸進論者（incrementalists）從不接受所謂一個社會有集體利益（collective goods）這一回事，他們認為相互妥協出來的計畫就是最好的計畫。第三種決策模型雖然認為純理性決策模型在現實中根本不可能出現，但仍盡其可能的發掘重要資訊與策略，希望在妥協的方案中，也能展現出多多少少的理想性與改革決心。

計畫學者卓爾（D. Yeheshel Dror, 1963[4]）說，計畫是透過一連串理性的抉擇，為未來行動而研訂的一系列決策，指導以最佳的途徑來實現目標，並從其結果學習新的決策及新的目標；可見並無一勞永逸的計畫書。

20 世紀 90 年代以後，運用電腦科技協助企業從事決策已成為共同趨勢，除了傳統的MIS外，尚有借重 EIS（Executive Information System）及 DSS（Decision Support System）。EIS 與 DSS 兩者均有助於主管從事決策。一般而言，EIS 係提供主管以簡易存取方式，擷取與企業關鍵性成功因子（Critical Success Factor, CSF）重要績效指標（Key Performance Indicator, KPI）之內外重要資料的電腦化系統。而DSS則係提供與決策相關之模型，支援決策問題之電腦化系統。EIS 著重於發現問題與機會；DSS 則著重於問題的解決。資訊系統的分類中，一般均將 EIS 與 DSS 視為 MIS 的上層架構。而在應用

4　見 D. Yeheshel Dror (1963): The Planning Process: A Facet Design in I R A S.

上，EIS 強調協助主管發現問題與機會，而 DSS 則著重在決策的執行。因此，EIS 之資料必須具有時效性及能夠從多維的角度從事查詢，以便發掘問題與機會；反之，DSS 則借重解決問題之模型與規則[5]。

(二)計畫作業的週期配當

操作性的計畫作業方法，可以有三種配對的思考角度；(1)目標導向規劃法（Goal-Oriented）VS 問題導向規劃法（Issue-Oriented）；(2)專家導向法（Expert-Oriented）VS 民意導向法（Public opinion-Oriented）；(3)綜合導向規劃法（Comprehensive-Oriented）VS 專案導向規劃法（Project-Oriented）。無論何種思考角度，計畫作業具有生生不息的特色，計畫作業方式，如以其週期的配置方法來說，主要有三種[6]：(1)階段式作業方法（直線式）；(2)滾動式作業方法（圓周式）；(3)混合式作業方法（半圓周式），如圖 4–1 所示。

此三種計畫作業方式與前述三種決策模型比較，大致可以看出：階段式作業方法與純理性決策模型有關；滾動式作業方法與不連貫增進模型有關；混合作業方法與第三種決策模型在理念上相互呼應。

何者是合理的規劃方法？合理的規劃方法應具備哪些條件？本章即旨在由各種計畫方式的比較中，探討計畫作業合理規劃方法及所遵循的步驟，並以實例來說明其在行政計畫中的應用。

---

5 參見 http://www.georgejen.com/datamining/articles/gss/edx.asp.

6 邢祖援：計畫理論與實務（台北：幼獅書局，民國 69 年 8 月）。及邢氏計畫週期作業方式與螺旋式規劃。研考月刊第 105 期（台北：行政院研考會，民國 74 年 11 月）。第 44～52 頁。

圖4-1　計畫作業方式示意圖

91年度	92年度	93年度	94年度				
-------	-------	-------	--------	95年度	96年度	97年度	98年度

《4-1 直線式》

91年度	92年度	93年度	94年度			
-----	92年度	93年度	94年度	95年度		
-----	------	93年度	94年度	95年度	96年度	
-----	-----	----------	94年度	95年度	96年度	97年度

《4-2 圓周式》

91年度	92年度	93年度	94年度				
-----	------	93年度	94年度	95年度	96年度		
-----	-----	------	------	95年度	96年度	95年度	96年度

《1-3 半圓周式》

合理規劃方法的理論基礎

㈠計畫作業方式的比較

　　前節已概論公共決策理論及計畫作業方式在學理上主要有三種不同的方向。由於計畫者所面對的是一個不確定的環境，何種計畫作業的作業方式最合適或合理，往往不能一概而論，端視其所涉及的研究領域或所欲解決的問題而定。

　　在不同的業務領域，計畫往往以不同的形式及內容出現。也可以說；針對不同的研究（業務）領域，必須有不同的作業方式；有些研究領域必須列舉所有可用的資源，推測每一政策的優劣得失及

其可能的影響,以指出未來概略的方向及各種情況下的因應策略,那以採純理性決策模型為佳,其計畫作業方式便往往傾向直線式作業方式;有些研究領域須特別考量不同團體的反應,重視現實社會實際的情況,避免大刀闊斧的改革,只能「治療性」的逐步疏解問題,其決策架構採不連貫增進模型,其計畫作業方式傾向於滾動式作業方式,有些領域不僅要解決目前的困境,同時亦不放棄追求長期的發展目標,其所採的決策模型可說是混合的第三種決策模型,其作業方式便傾向於半圓周式的混合作業方式。此三種計畫方式的比較如表 4-1。

表 4-1　階段式、滾動式與混合式計畫作業型態的比較

作業方式比較	理論依據	特性	資料需求	適應情形	優點	缺點
階段式（直線式）	純理性決策模型	強調共同一致的價值系統,完善的作業方法。	須掌握研究系統鉅細靡遺的資料,同時須有深入的了解系統的特色。	著重理想的規劃環境,特別強調目的取向。	1. 著重目標的追尋強調一勞永逸的解決方法。 2. 對所有的可能政策途徑均需予以評估。 3. 明確的目標。	1. 對研究系統的了解往往須耗費大量人力、財力。 2. 忽視現實環境給予的各項限制。
滾動式（圓周式）	不連貫增進模型	強調政策的改變是微量逐漸的型態,重視不同團體的互	針對現實產生的問題予以對症下藥,僅重手邊的資料。	著重現實的規劃環境,特別強調手段取向。	1. 著重與現有政策稍有不同的其他政策,避免過大的改變。	1. 以互相遷就的方式來代替一致的共同利益

		相遷就。			2.僅評估一些重要影響後果節省人力、財力。 3.計畫目標隨時變而不明顯。	2.忽視長程理想的追求。
混合式（半圓周式）	第三種決策模型	強調微量漸變的特性但須慮及長遠的目標及共同的利益或原則。	儘可能的掌握有價值的資料，予以分析預測，並利用回饋不斷的修正必要的資料。	企圖在現實與理想之間尋求折衷的合理方式。	1.綜合階段式與滾動式的優點。 2.提供現實與理想之間的合理途徑。 3.計畫目標較圓周式固定，但不如階段式明確。	作業方式不易掌握。

(二)合理規劃模式的必要性

　　計畫往往須有目標年所欲達成的理想狀況之陳述，如一個人口發展計畫，須有在公元若干年的理想人口生育率或理想的人口結構，一個經濟計畫往往強調幾年之後，經濟成長率為若干百分比或國民所得將提高至多少美元；由表4-1可知；除階段式作業方式可以有明顯的目標年外，其餘圓周式及半圓周式計畫作業方式的目標年並不顯著，圓周式及半圓周式的作業方法之優點是可以逐年（或隔年）予以檢討修正，所以一個較合理的作業方式除了必須展現目標年的具體效果外，同時必須有一套檢討的方法，可以幫助規劃

者、決策者及執行者隨時注意環境變遷的影響。

㈢行政計畫的特性

政府的行政業務措施大抵具有三項特徵：(1)經常性；(2)微量漸變性；(3)目標導向。經常性意指行政業務多半具有周而復始的特色，每年度的某一時間須辦理的事項，大抵均已確定。微量漸變性意指行政措施年復一年雖非一成不變，但變動的幅度卻相當有限，有時，甚至不易察覺。目標導向意指任一項行政措施都可追溯出一個長遠的價值觀或長遠的立國目標。故總統蔣經國先生曾說：一個有效能的政府，任何施政必須深謀遠慮，有前後照應的遠大計畫，有籠罩全盤的建設藍圖[7]。一般來說，行政計畫無論其為中程或長程在基本上具有以下特色：

1. 年度施政業務的前瞻化。

2. 以公共福祉為依歸。

3. 實現公權力的具體文件。

4. 並不計算純利益。

5. 有一個基本的價值觀及一個長遠的目標導向。

6. 容許若干彈性。

所謂的彈性，包括內在彈性——將彈性建立在計畫本身之內，及外在彈性——將彈性建立在計畫執行，修訂過程中。

由於行政計畫具有以上特色，所以很難為行政決策描繪出一個一般化模型。行政機關每年的施政項目每鮮有變更，但其施政措施每一階段都有不同的特性，所以，行政計畫，一方面須不斷檢討以尋求現實問題的合理解決，另方面它也強調透過公權力的行使來達成未來的理性目標。

---

7 行政院蔣院長言論第一集。第 135 頁。

㈣合理規劃方法的基本架構

　　合理規劃方法之所以稱為「合理」，基本上是在有限的資源、有限的知識、有限的方法與有限的理解情況下，尋求最好的可能。例如，在環境規劃與管理方面，我們可以從水管理（water management）觀念的演進歷程發現，早期的水管理重在水量規劃方面，規劃重點著重於供水、防洪控制及航行等，屬於「供給面管理」。但是隨著人口及經濟快速之成長，水資源利用轉變為多目標用途，有限的水資源量已經無法滿足多目標之用水需求，於是水管理之觀念逐漸演變成水質與水量同時考量之「需求面管理」。然而，不同的土地調配方式將衍生不同的水資源需求型態，而土地開發活動又常與水資源保育之目標發生衝突。因此，水管理觀念遂演變為水土資源綜合考量規劃的水資源管理 [8]，這樣的調整即是合理的調整。合理規劃方法為美國規劃學者恰賓及凱色爾（Chapin F. Sturt Jr. & Kaiser Edward[9]）所倡，在理論上是由精略不斷趨向精緻，由一般化到特殊化的螺旋形式規劃（Cyclical Progression），如圖 4−2 所示。它每一環包含六大步驟：

　　1.問題（需求）界定（承續前一環路）。

　　2.目標的確立。

　　3.尋求解決途徑。

　　4.設計長程及短程行動方案。

　　5.評估。

　　6.行動（採選及執行）。

　　螺旋形規劃具有三大特色：

8　參見 http://ev.ncu.edu.tw/W3_EV/Accomplishment/paper/six/9.htm.

9　Chapin F. Stuart Jr. and Kaiser Edward (1979), Urban Land Use Planning. The University of Illinois. USA.

*1.*每一步驟均指向行動（虛線所示）。

*2.*每一迴路由一般化到特殊化（點線所示）。

*3.*每一環路及步驟均由粗略到精鍊（實線所示）。

　　所有規劃的工作，都要建基於一套理想、目標和預期的需要，但同時也要克服一些客觀的或主觀的因素所引起的困難，也要平衡各方合理的利益。合理規劃方法乃因應而生，螺旋形規劃可說是第三種決策模型的修正，介於純理性決策模型與不連貫增進模型之間的一種操作化模型，在以後的討論將遵循此一架構來探討計畫作業方法。

圖4-2　合理規劃方法──螺旋形規劃的基本架構

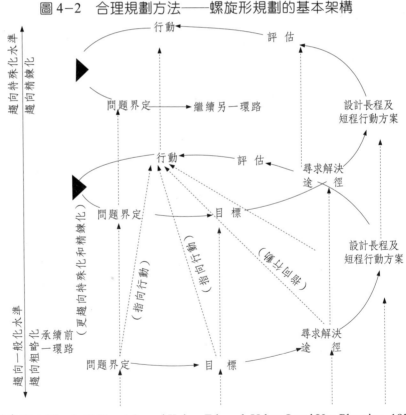

資料來源：Chapin F. Stuart Jr. and Kaiser Edward, Urban Land Use Planning, 1979, p.75.

問題界定與目標分析

㈠問題（需要）的界定

　　問題的界定涉及兩種涵義[10]，一是問題之確認；一是問題組成部分或構成問題原因之分析。「問題」是指現存的不足或缺陷而有改善之必要；所謂「需要」是指未來發展的需求（設施或服務）而有籌謀解決的必要。本階段的重點是針對問題及需要蒐集有關資料予以系統的處理及分析，以確認問題和需要的背景、條件，並列舉個別問題和需要的各種情況及原因。例如，對都市交通問題的分析，最後可以清列如表4–2的形式。

表4–2　問題與需求清單（舉例）

問　題	該市交通擁擠、混亂，不僅影響日常活動進行，對環境品質、公共安全與土地經濟利用也有不利影響。
情況一	街廓短小，路狹屋密，各種交通工具混駛。
原　因	㈠社會經濟結構變遷，各種車輛（大小客車、貨車、摩托車、腳踏車、拼裝車、手拉車、三輪車、貨櫃車等）並存。 ㈡日據時期所做的都市計畫，街廓特小，交叉口多，且幹道太窄，不合汽車時代的要求，車行不易。 ㈢無細部計畫，建築預留巷道太狹窄。 ㈣無嚴謹的密度管制，市中心區發展密度過高，活動頻繁，而侵用道路。

---

10 鍾起岱：策訂政策計畫的方法。研考月刊第84期。第47頁。

情況二	道路功能不清，無完整的路網系統。
原因	㈠無完整的綜合發展計畫，道路網皆係各時期發展累積而來，功能不分。 ㈡道路寬度設計，千篇一律，與各種都市活動的量及區位不能配合。 ㈢過境道路未開闢，過境車輛影響市區交通。 ㈣缺乏單行道行車系統設計。
情況三	偏遠地區無公共汽車，交通不便。
原因	㈠偏遠地區，坡度甚陡，山區聚落的交通設施受限無法正常提供。 ㈡偏遠地區聚落分散，集居規模過小，無法滿足公共汽車投資供給的規模要求。 ㈢現有產業道路設計標準過低，一般公共汽車行馳不便。

㈡目標分析

目標是指所欲達成的理想境界，它包含「未來」、「行動」、「認同」三種特性，傳統上對於目標的設立可以基於不同的考慮，它可以由高階層不經任何程序而建立，亦可經由全盤的分析推論而來，亦可由已確定的策略導出[11]。

為了要解決問題和需要，為了引導未來的發展，往往需建立一組層次分明的目標體系，而各項目標須將前一階段所提出之情況及原因予以重組清列，同時發展出更具工具性的標的，例如前述之都市交通問題可以重組分析如表4-3的形式。

11 辛晚教：都市及區域計畫。第171頁。

表4-3 目標分析清單（舉例）

目標	建立便捷有效的運輸系統，便利人與貨物的流通。便捷有效的運輸系統能提供各種服務，便利活動的進行與聯繫，減少不必要的交通旅次，增加可達性並促進土地的經濟利用，其方法可透過現有運輸設施的改善與引進新系統。本鎮應可雙線同時進行，一方面改善市區的交通，另一方面規劃新的路網，疏導通過性的交通，也引導都市作合理發展。
情況	路狹屋密，街廓短小，各型交通工具混駛，無完整的路網，交通擁擠混亂，偏遠地區無公共汽車供給，道路被占用，影響活動進行。
原因	1.社會經濟結構變遷，各種車輛（大小客車、貨車、摩托車、腳踏車、拼裝車、手拉車、三輪車、貨櫃車等）並存。 2.無完整的細部計畫，街廓特小，交叉口多，道路功能不分，車行不易。 3.主要幹線道路設計路寬不足。 4.無嚴謹的密度管制，市中心區發展密度過高，活動頻繁，而侵用道路。
標的	1.規劃完整的路網系統。 2.改善市區現有路網，提高易行性。 3.配合相關管制措施，發展整體運輸功能。

尋求解決途徑

㈠尋求解決途徑

尋求解決途徑之目的在研訂一套最合乎目標與標的的政策或策略，它可以是較具永久性的聲明，也可以是方案設計的原則，當計畫或方案定稿後，它也可能成為計畫的一部分而視為完成計畫目標的行動方向的建議，所以本階段的目的是在引導決策或計畫朝向既

定的目標。例如；根據都市交通問題及目標的分析，可以列舉一些可行的政策，如表4-4所示。

㈡設計長程、中程、及短程行動方案

本階段旨在依據前述各階段之研究成果設計出長程、中程及短程的行動方案及其替選方案，在長程的行動計畫或方案，它可能強調未來十年或二十年的施政藍圖，如前述交通問題之例，其長程方案可能是完整的交通系統或運輸系統的建立，以滿足未來發展人、車之需求，基本上，在長程方案仍可依發展的時序予以區分優先順序，如最需要而可行者列為第一優先；需要更廣泛的分析和討論者列為第二優先；至於可暫緩考慮之方案則列為第三優先。

在中程的行動計畫或方案，它可能強調未來五年或六年的施政重點，它特別強調特定的行動建議，特定的開發時序及特別的限制

表4-4　尋求解決途徑清單（舉例）

目標	建立便捷有效的運輸系統，便利人與貨物的流通。
標的	㈠規劃完整的路網系統。 ㈡改善市區現有路網，提高易行性。 ㈢配合相關管制措施，發揮整體運功能。
政策	㈠檢討改善現有市區路網結構。 ㈡依據各區發展潛力及使用性質，劃分道路功能及層級。 ㈢建立快速穿越性外繞道路。 ㈣山區產業道路與鄉村耕作小徑的改善與闢建。 ㈤市區內道路號誌系統的建立與改善。 ㈥配合公共設施多目標使用，完成停車場、運輸站等，減少街邊停車。 ㈦攤販的集中管理，避免占用陸地，阻礙交通。 ㈧劃定並管制大型車輛的行駛路線，或行駛時間。

條件，例如前述交通問題，其中程方案可能是著重在完成的交通系統未建立之前，解決人、車問題的暫行措施是先擇重要路段予以延長或擴充，或是減緩人、車增加的速度，要之，在中程計畫或方案的設計，須將特定的行動方案供行政組織各部門的職掌予以分別歸類，視為施政措施的初步設計。

在短程的行動計畫或方案，它可能強調未來一至三年的施政建議；它可能以重大建設方案的型態出現，也可能是一項主要的行政革新措施或便民措施，不論如何，其第一年的實施方案，將成為行政主管部門當年施政計畫（草案）的一部分，所需的經費則構成政府歲出概算的一部分。

方案評估

㈠評估的概念

評估是以一系列科學方法的運作而對標的物或方案計畫所作的具體評價，它是一種特別形式的檢定（Testing）。分開來說：「評」是批評、批判，也就是批評計畫的優點和缺點，評判方案的利弊得失。

「估」是測估，估量，亦即測估工作的具體績效，估量計畫方案的實施效果。評估的目的在減少主觀與直覺的判斷，縮小決策程序不確定因素的範圍，以顯示標的物或計畫方案的真正價值[12]。

評估有預評估、事前評估、事中評估及事後評估四種，一般對計畫的評估，通常指事前評估，依實際作業需要又可分為三種。

---

12 鍾起岱：泛論計畫方案評估方法。研考月刊第 83 期。第 18 頁。

(二)替選案的評估

替選案是指就同一事項而擬訂的兩個或兩個以上的計畫方案，評估的重點在比較替選案的利弊得失，以為汰選參考。替選案的評估往往視實際需要而選擇不同的評估方法。一般常用的方法如：成本效益分析法及其衍生出的財務投資評審法、社會成本效益分析、經濟投資評審法等，又有以建立準則為基礎的序位法、指標法、準則對照表法，亦有運用最適法來求得最佳方案，亦可採用較複雜的計畫平衡帳法，目標達成矩陣法等，例如對於前述的運輸系統方案，詳細的評估自有其必要，但亦可以應用指標法予以初步衡量，其結果可如表4-5的形式。

(三)計畫結構完整性評估

計畫替選案評估初步完成後，接下來必須進行計畫結構完整性評估，本項評估的目的有二：

1. 了解本計畫對預定目標達成的程度。

2. 對整個計畫架構進行精密的查核，檢視其各項步驟或計算方式有無瑕疵。

表4-5　替選方案指標法評估結果表（舉例）

方案指標	方案甲	方案乙	方案丙
1. 住戶至市場的可及性。	總時間距離縮短5%。	總時間距離無顯著改變。	總時間距離縮短10%。
2. 地方資源的使用率。	可增加當地產品輸出率7%。	當地產品生產率無顯著增加。	當地產品生產率增加10%，輸出率增加5%。
3. 空氣的污染率。	空氣中SO_2含量增加5%。	空氣中 SO_2 增加1%，其他灰塵有顯著增加。	空氣中 SO_2 增加5%，其他灰塵顯著降低。

表 4-6　目標、標的、評估準則

目　　　標	建立便捷有效的運輸系統，便利人與貨物的流通。
標　　　的	(1)規劃完整的路網系統。 (2)改善市區現有路網，提高易行性。 (3)配合相關管制措施，發揮整體運輸功能。
計畫實施前評估準則	(1)足夠的道路規劃面積。 (2)聚落與市中心的行車時間最短。 (3)分區與分區中心的行車時間最短。 (4)運輸路線的服務人口最多。 (5)停車場服務半徑內商業面積最多。 (6)合理的道路服務水準。
計畫實施後評估準則	(1)各型車輛在路口的阻礙時間最少。 (2)路網已明顯分出層級。 (3)市區內穿越性交通量減至最小。 (4)農具、車輛已可通達偏遠的田地及山區操作。 (5)市區號誌系統已發揮正常功能。 (6)路面被占用的面積減至最少。 (7)除劃定路線外，其餘道路已無大型車輛行駛進出。

　　由於計畫結構完整性評估涉及目標的達成程度，故可採目標達成矩陣法予以評估，亦可依據前述目標分析（表 4-3）及尋求解決途徑（表 4-4）中的目標、標的及政策中發展出一套評估準則如表 4-6。

㈣年度計畫項目優先順序的評估

　　優先順序是指就不同事項之不同計畫或方案在實施或投資階段的優先次序，其評估的重點在比較投資的邊際效用及邊際成本，作為投資次序及配置資源的參考。主要的方法有多本期判斷法、內部報酬率判斷法、淨現值法等多種，同時亦須說明採行計畫的機會成本，不採行本項計畫的損失，若涉及和部門效益之損失亦需說明。

行動及執行

行動是計畫作業過程的最後階段，它包括採選及執行兩部分，替選方案的評估是一種採選，年度預算及年度施政計畫的編製亦是一種採選。如前所述，每一個替選方案予以利或不利比較之後，刪除一些不利的方案或將若干替選案予以合併整合後，最後可能只剩下一、二個較佳方案。

根據這些替選案，可以更精細的設計出長程、中程與短程的行動方案。它可以包含一個遠程的財務構想，一個近程的詳細財務結構及一項中程的重大資產改進方案（Capital Improvement Program[13]）。最後也將此一連串由目標設立前的問題分析——目標設立——替選案的研擬——評選長程及短程的行動方案予以整理彙整修飾，使構成一份完整的中程計畫文件。

在計畫作業的最後階段，計畫作業單位，必須特別注意計畫的分期（或分年）實施步驟，也就是在時間上必須注意投資或施政的時機及時序，在空間上必須注意投資或施政的區位順序及區位差異，如以前述交通問題為例，最後一階段，計畫作業必須考慮計畫的財源及執行進度：

1. 估計本計畫現在及將來的費用。

2. 估計政府每年的總收入。

---

13 重大資產改進方案（Capital Improvement Program）意旨：為了促進各項施政建設的健全發展及資源有效利用，而將行政範圍的各項投資和設施，依據財力及實際需要，將計畫內容或項目，分別規定發展優先次序及時序的一種計畫控制。

3.估計未來可用於計畫的財務能力。

4.專案或專款可申請之額度。

5.其他財源（如基金、債券、變產置產、工程收益費等）籌措方式的考慮。

最後，一個可行的分期發展計畫包括：計畫編號、名稱、地點、總經費、各年執行進度、財源籌措方式等等，均可以展現出來。

不同的計畫作業方式對計畫的構成具有深遠的影響，本章共述及四種計畫作業方式：(1)階段式；(2)圓周式；(3)半圓周式；(4)螺旋形式，並論述合理規劃方法之各項作業步驟。如前所述；計畫在本質上是對未來風險和不確定環境的挑戰，所以計畫須明顯的標出未來目標年的期望，計畫作業是一種持續性的過程，所以計畫作業的每一環路必須承續前一環路而來（圖4-2）。

總之，規劃者不僅要了解現狀，更須針對未來環境予以修訂與回饋，本章旨在對各種計畫作業方式進行評價，並指出合理規劃方法應遵循的合理方式，期能有助於規劃理論的發展。

CHAPTER 5

規劃的資料處理分析與預測

資料處理的未來性

　　規劃在本質上是對未來不確定性（uncertainty）的挑戰[1]，每當環境變動不規律或不可預測時，人們的生活就會深受衝擊。這類不確定的環境變動由於缺乏足夠的觀測記錄，實在難以正確詮釋，然而卻始終環繞在人類的生活世界中。面對不確定環境，決策者表現過度自信，往往高估自我解決問題的能力，其結果實在令人堪憂。而計畫是為實現未來理想，以科學的方法蒐集、整理、分析有關資料，尋求以最佳方法達成目標的一系列決策過程。規劃者要了解現狀，更進而因應未來環境不確定的風險和變動，便必須對所蒐集的資料加以處理、分析或預測，形成可用的資訊甚至智識，始能掌握此種不確定性。一般而言，未來狀況往往因預測期間愈長，其不確定的範圍便愈大，如圖5-1。

　　以往規劃者由於欠缺統計學與計量方法的素養與計算工具，對資料的處理費時且鉅，資料的分析、預測不甚精確，導致對未來不確定性所能掌握的範圍相當有限，影響計畫的釐定至鉅。為了預防與改善環境的不確定性，決策者常常必須尋求有效的政策工具來實現這些目標。由於一項計畫方案，規劃者對於相關環境的相互關係，經常難以完全掌握，也就難以提供完全有效與可信的答案予決策者，進而影響理性決策的有效性。而所謂《預警機制》也就是為了改善這種困境，在面對環境的複雜性與不確定性時，我們必須適度調整來回應這些情況，或許可在環境不確定中提供一條「出路」。

1　未來的不確定性（Uncertainty）：意指：(1)外部規劃環境（Extra Planning Environment）知識的不確定；(2)未來可供選擇方向（Related Fields Choice）意向的不確定；及(3)價值判斷（Value Judgment）的不確定。

圖 5-1　未來期間與不確定性

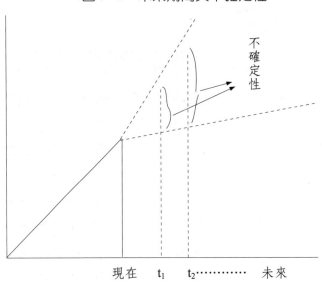

不確定性

現在　t_1　t_2…………　未來

　　30 年代以後，由於社會科學計量革命的影響及 60 年代以後系統分析的蓬勃發展[2]，加上電腦工具的使用及 80 年代以後網際網路的興起，規劃者對資料的處理與預測能力大為增強，對未來的不確定性更能掌握。本章即由擬定計畫的觀點，對資料的處理、分析與預測之方法加以探討[3]。

2　歸納這些發展主要可分五大類：(1)數學方法，如線性代數、微積分、巨變學（Catastrophe）、脫普學（Topology）等；(2)統計方法，如線性模型、非線性模型、時間序列分析、多變量分析等；(3)系統分析方法，如一般系統理論（General System Theory）、線性規劃、遊戲理論（Game Theory）等；(4)電腦應用：如社會科學用統計類集程式（SPSS）、模擬等；(5)上述四種方法的混合應用。

3　鍾起岱：規劃的資料處理、分析與預測。研考月刊第 91 期。民國 73 年 9 月。

計畫對資訊的需求

㈠資料的層級性

　　資料因粗略或精細及其系統化的程度可分三級；最低一級稱為資料，資料（data）是以文字、數字、圖片、實體、符號或其他記載工具，來表示人、事、地、物及其概念的集合，一般有初級資料（primary data）與次級資料（secondary data）之分。前者又稱一手資料；後者則稱二手資料。第二級稱為資訊，資訊（information）是資料經模式化、一般化、形式化、組織化加以轉換後的結果，通常可以一簡單數據來代表資料群體，例如在統計學中常使用的平均數，標準差等樣本統計量等是。最高一級稱為智識（intelligence）則是與整個研究系統有關，較資訊為高的一種概念，它可以澄清計畫課題（或問題）的複雜性，以增強分析師對系統的預知能力，例如統計學中常使用的推定、檢定、顯著水準等是。三者關係如圖5-2所示。

　　簡言之；資料具有客觀的性質，它是事象或現況一成不變的轉錄，資訊則是稍經處理、過濾的資料；智識則足以表達系統的表徵，擴展吾人的知識領域。當然；此種分類往往因使用者的需要而有不同，某些資料對甲使用者可能是資訊階層，對乙使用者則為資料階層，端視計畫的性質及計畫的需要而定。在規劃過程中，常使用的政策資訊，一般又可區分為總體消極資訊（Macro-negative Information）及個體積極資訊（Micro Positive Information）兩種，前者表示規劃或政策背景的一般說明，後者則為影響規劃或政策的特殊資訊，又可分為：⑴與政策行動有關的個體積極資訊（著重輸入及

圖 5-2　資料、資訊與智識

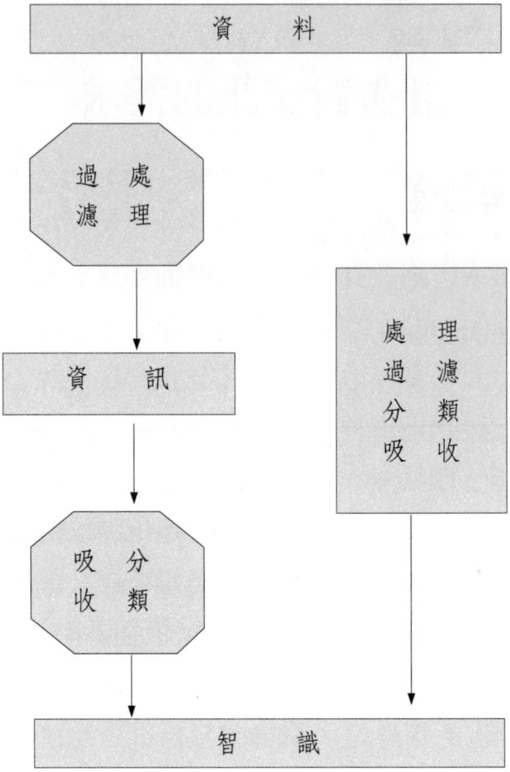

```
┌─────────────────────────────────────┐
│              資  料                  │
└─────────────────────────────────────┘
        │                    │
     ┌──────┐                │
    ╱ 過  處 ╲               │
   │  濾  理  │              │
    ╲        ╱               │
     └──────┘          ┌──────────┐
        │              │ 處    理 │
   ┌────────┐          │ 過    濾 │
   │ 資  訊 │          │ 分    類 │
   └────────┘          │ 吸    收 │
        │              └──────────┘
     ┌──────┐               │
    ╱ 吸  分 ╲              │
   │  收  類  │             │
    ╲        ╱              │
     └──────┘               │
        │                   │
┌─────────────────────────────────────┐
│              智  識                  │
└─────────────────────────────────────┘
```

過程階段的資訊）；及⑵與政策結果有關的個體積極資訊（著重輸
出及影響階段的資訊）兩種。

㈡計畫的層次性

如同資料的層級性；計畫亦可分三個層次。最上層是屬策略階
層（Strategic Level）的策略性計畫（Strategic Plans），它通常需涉
及大量的不確定因素，目的在釐定長程或遠程的大目標或大方針；
第二層屬策術階層（Tactical Level）的管理性計畫（Management
Plans）；主要是在策略性計畫的指導架構下，尋求最有效能的資源
配置及控制方案；最低層的計畫屬技術階層（Technical Level）的作

業管制計畫（Operational Control Plans），目的是研定達成目標之最有效率的實施方案。

㈢計畫階層對資訊的需求

不同的計畫階層對資訊需求的種類及程度往往有所差異，策略性計畫的主管者，通常位階最高，對外界資訊的依賴相對較高，但也講求資料呈現方式的簡淺清晰，因此對智識的需求比較偏重，與其相對應者為決策支援資訊系統（Executive Information System）；管理性計畫對資訊需求具有專業特性，其主管者通常為中階主管幹部，與其相對應的則是管理資訊系統（Management Information System）或是具有空間特性資料的地理資訊系統（Geographic Information System），而作業管制計畫對內部基礎資訊的依賴性較高，因此對資料較為偏重，與其相對應者則為資料庫（Data Bank）。

一般來說，管理性計畫需針對策略性計畫所提示的大方針做更細的設計，一方面它需承續策略性計畫，另一方面又需領導作業管制計畫的釐定，因此對資訊的需求較為迫切，圖 5-3 顯示不同階層的計畫對資訊的需求。

圖 5-3　不同階層的計畫對資訊的需求

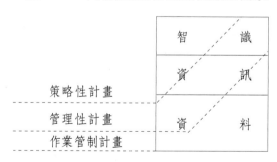

「資料雖是客觀的事實，但經過不同目的使用者的詮釋、分析，常常出現不同的面貌」

　　具體的說，策略性計畫較需長期的預測資訊及可供使用的資源，管理性計畫較需短期的預測資訊、工作效能及歷史性的敘述資料；而作業管制計畫較需與工作效率有關的現有資料。

㈣計畫各階段對資訊的使用

　　從計畫先期作業的準備階段到計畫研擬完成，資訊或資料須依各階段的規劃作業需要而不斷的投入。圖5-4顯示在計畫研擬過程中，資訊的使用流程。無論是初級或次級資料常常包括不同的資料來源，以及由其他研究人員所蒐集的資料或不同形式的檔案。這些資料來源包括政府部門的報告、工商業界的研究、文件記錄資料庫、企業組織資料以及圖書館中的書籍及期刊。另一個更有效、更

省時及更經濟的方法，就是使用既存國際統計資料。例如「國際統計資料索引」（Index to International Statistics: A Guide to the Statistical Publications of International Intergovernment Organizations），這是由美國國會資訊服務中心（Congressional Information Service）所編印的資料[4]。

圖 5-4　計畫研擬程序中對資訊的使用流程

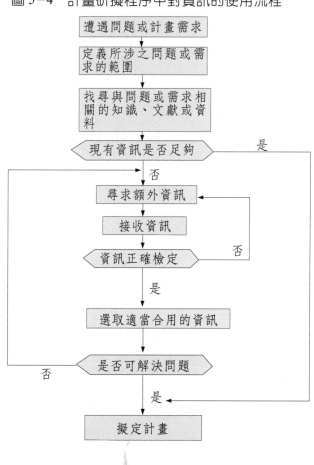

4　http://tw.shopping.yahoo.com/t1/b/9/c/t0000057752.html.

資料的處理

㈠資料處理、資料庫與資訊系統

資料本身並不能告訴我們訊息，它必須經過處理，形成資訊或智識，才能在規劃中發揮應有的價值。資料處理（Data Processing）就是在正確的時間內，提供給需要者，正確的資訊。資料庫（Data Base）是資料處理者可資利用的儲存庫，它包括檔案櫃中的檔案文件、書面報告、雜誌、帳冊及存於打孔卡片、微縮底片、磁碟、磁帶、軟碟、硬碟中的資料。

資訊系統（Information System）則是為滿足資訊使用者的需求，將原始資料轉換成可資利用的報表或資訊，使其易於記錄、儲存、處理、擷取與傳輸的一種系統。例如都市資訊系統（Urban Information System）、管理資訊系統（Management Information System）、地理資訊系統（Geographic Information System）等是。無論是資料庫或資訊系統，與其資料處理均有密切的關係。

㈡資料處理方法

資料處理需經十項程序：記錄（Capturing）、檢驗（Verifying）、分類（Classifying）、排序（Arranging & Sorting）、彙總（Summarizing）、計算（Calculating）、儲存（Storing）、擷取（Retrieving）、複製（Reproducing）、傳送（Disseminating/Communicating）。至其處理方法有：

*1.*人工作業（Manual Operation）。

*2.*電子機械作業（Electra-Mechanical Operation）。

3.打孔卡片裝置作業（Punched Card Equipment Operation）。

4.電子計算機作業（Electronic Computer-Operation）。

5.數位化儲存作業（Digital Store Operation）。

　無可否認，人類對資料處理能力與速度的增進，與電腦的發展密不可分，一般將電腦的發展過程分為五個時期：(1)機械時期（Mechanics）；(2)真空管時期（Vacnum Tube）；(3)電晶體時期（Transistor）；(4)積體電路時期（Integrated Circuit），而積體電路時期又可細分為小型積體電路時期（Small Integrated Circuit）、中型積體電路時期（Medium Integrated Circuit）及超大型積體電路時期（Very Large Scale Integration）；(5)網際網路時期（Internet）等。

　其所以如此，乃因近年來，由於積體電路的發展及使用矽元素做成的小晶片，使電腦的發展突飛猛進，未來的規劃更需借重電腦的計算能力來處理大量的資料。因此，哪一種資訊是我們所需要的，為什麼需要，為誰所需要，何時需要，都是設計一適當的資訊系統所需注意的。

資料的分析方法

(一)簡單分析方法

　簡單分析法旨在對資料進行一般性的分析與檢定，如資料的樣本是否與母群體一致，其平均數、變異數、全距、百分位數、次數分配……等等的統計量為何？這些基本統計量是否足以代表資料樣本空間的諸種特色？若為抽樣資料，則其抽樣方法是否合適？是否可以通過各項檢定？資料的簡單分析，一般均作為資料性質的初步了解。

(二)相關分析法

規劃者看到某些現象或問題時，總是會聯想到它之所以發生是否與其他現象有關？若有，則其相關程度為何？此即需借重相關分析法。一般我們以卡方檢定（X test）來檢驗兩群資料是否一致、相關或獨立，而以相關分析來說明兩群資料的相關程度。由於卡方檢定只能判斷資料間是否相關，而無法說明若有相關，則其相關程度為何。相關分析則相反，只能說明相關程度而無法說明因素間是否獨立發生或真有相關，故相關分析，一般應先以卡方檢定審查兩組資料是否相關，再以相關分析求出其相關程度之大小與方向。

(三)多變量分析法

多變量分析（Multivariate Analysis）是指涉及兩個或兩個以上變數間關係的描述的一種統計方法。多變量分析的方法相當多，如變異數分析、互變數分析、判別分析（Discriminate Analysis）、因子分析（Factor Analysis）等多種[5]，可視實際規劃需要而選擇一種或數種方法來加以應用。

五

資料的預測方法

(一)規劃與未來發展

規劃在本質上具有未來性，而所謂的未來性，最少有兩種意義，一是依現況成長不加干預的自然發展，另一是人們所期望理想

5　曾國雄：多變量解析及其應用一書。華泰書局。民國 67 年 9 月。

境界的未來。兩者之間一般存有極大差距 6。如前所述；計畫的任務在達成未來理想，但由於主觀條件和客觀環境的種種限制，使此一未來理想未必皆能實現，使得計畫未來與理想未來未必相符，而出現「規劃缺口」。

　　圖 5-5 顯示三種未來概念。低層次的計畫愈易接近所設定的理想未來。所以；計畫不僅要了解自然發展的未來，同時亦須估測在各種限制條件下的未來最適解（Optimal Solution），才能因勢利導，設計出最佳方案。

(二)自然發展預測法

　　自然發展預測法又稱為縱斷面分析法，旨在說明倘發展之趨勢順其自然，不受任何限制或鼓勵。未來之狀況將如何？常用的方法有三種：

圖 5-5　規劃缺口示意圖

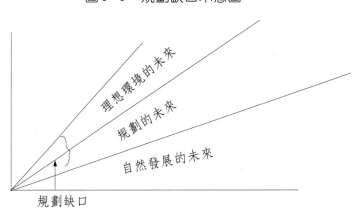

資料來源：吳堯峰，行政機關策訂中長程計畫的要領，第 18 頁。

6　李朝賢：農村綜合發展規劃──南投縣農村地區綜合發展規劃之構想。台灣經濟第 79 期。第 4 頁。

1. 趨勢預測法

趨勢法假設觀察之事件為時間之函數，將隨時間之變遷而變化；其函數型態為：

$$y = f(t)$$

其中，y 為觀察事件，t 為時間。

本法尋求配適曲線（Curve-fitting）之步驟為：

(1)決定函數型態：首先觀察趨勢線為線型或非線型（圖5-6），其次觀察樣本點是否超出信賴線（Confidence band），最後觀察散布圖是否以中心線為基準而呈常態分配（Normal distribution）。本步驟目的在決定函數型態。

(2)校估模型參數（Parameter）：一般以最小平方法（Method of least squares）來找尋參數，其法乃求取觀察值與預測值之差平方和的極小（圖5-7）。亦有用最大概似法（Maximun Likelihood Method）來找尋參數。

圖 5-6 趨勢預測法資料散布圖

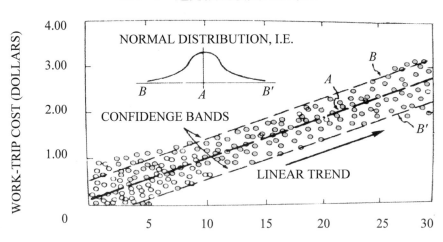

圖 5-7　最小平方法分解圖

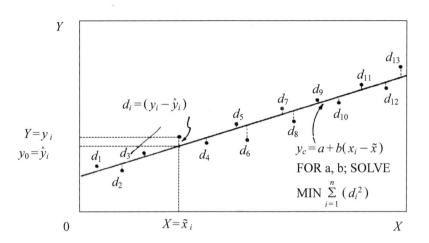

2.解釋預估法

解釋法旨在找出與被觀察事件有關之各項因素，建立模式以預測未來狀況，其基本型態為：

$$y = g(x_1, x_2, x_3, \dots, x_n)$$

其中，y 為被觀察之事件，或稱為應變數。$x_1, x_2, x_3, \dots, x_n$ 為與 y 事件有關之關鍵因素，或稱為自變數，這些 $x_1, x_2, x_3, \dots, x_n$ 在選取時，通常差異越大越佳，最理想的狀況是「互斥」。

解釋法的模型型態相當多，其變數理論上也可以很多，最常用的方法為複迴歸模型（Multiple Regression Model），通常有以下四種方法可以求得最佳之迴歸模式：

(1)所有可能迴歸法（the All-Possible-Regression Procedure）。

(2)向後消去法（the Backward Elimination Procedure）。

(3)向前選擇法（the Forward Selection Procedure）。

(4)逐步迴歸法（the Stepwise Regression Procedure）。

如果自變數超過四個，複迴歸模型往往不能直接以圖形來點出資料的函數關係，且容易造成模型解釋的困難，此在使用解釋法建立模型時，不可不注意。

*3.*橫斷面預測法

本法旨在說明事件之發生與環境及空間區位（Location）有關，所以其模型基本型態為：

$$y=h(D)$$

其中，y 為預測之事件，D 為空間因素。

以本法來做分析或預測工具，最著名的論著首推美國學者阿隆素（Alonso, William, 1964[7]）所建立的都市地租的一般均衡理論，或稱競標地租模型（Bid Rent Model），他認為土地使用與人們為某種特別使用所願支付的租金有關，而地租的大小將取決於距離市中心的遠近，因此距離（代表克服空間阻力的能力）將決定地租，而地租則決定土地使用的型態，其理論如圖 5–8 所示。

(三)最適發展預測法

最適發展預測法旨在闡述當有若干限制條件時，未來理想狀況將如何？常用方法有三種：

*1.*線性規劃法

線性規劃（Linear Programming）是在單一限制條件之下，尋求單一目標函效最適解的一種方法。因其目標函數具有線性特質，所以稱為線性規劃，其一般式如下：

---

[7] Alonso, William (1964): Location and Land Use.

圖 5-8　地租、距離與土地使用

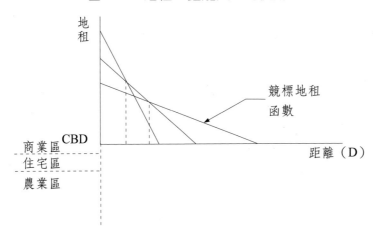

目標函數為：

$$\text{Opt } f(x_1, x_2, x_3, \dots, x_n) = c_1 x_1 + c_2 x_2 + c_3 x_3 + \cdots + c_n x_n$$

限制條件為：

Subject to：

$$a_{11} x_1 + a_{12} x_2 + a_{13} x_3 + \cdots + a_{tn} x_n \leqq b_1$$
$$a_{21} x_1 + a_{22} x_2 + a_{23} x_3 + \cdots + a_{tn} x_n \leqq b_2$$
$$\cdots\cdots$$
$$a_{m1} x_1 + a_{m2} x_2 + a_{m3} x_3 + \cdots + a_{mn} x_n \leqq b_m$$

非負條件：

$$x_1, x_2, x_3, \dots, x_n \geqq 0$$

　　簡單的線性規劃一般以圖解法或單純法或拉氏乘數法求解，可參考 Anthony J., Catenese《Scientific Method of Urban Analysis》或坊間有關限性規劃的書籍[8]。

　　2.非線性規劃

　　非線性規劃亦為尋求單一目標最適解的方法，但其目標函數為非線性函數者，亦或限制條件亦屬非線性者。本法一般以古典微積分及梯度法（Gradient Method）求解，亦可以拉氏乘數法求解，可參考謝潮儀《計量方法與都市土地使用模型》[9]。

　　3.多目標規劃

　　多目標規劃（Malti-Objective Programming）所處理的問題通常具有兩個或兩個以上的目標函數，它較傳統的單目標規劃在決策分析上更有效。但在解法上較難[10]，其一般式如下：

　　目標函數為：

$$\text{Min 或 Max}\quad Z(x_1, x_2, x_3, \ldots, x_n) \equiv Z_1(x_1, x_2, x_3, \ldots, x_n) ;$$
$$Z_2(x_1, x_2, x_3, \ldots, x_n) ;$$
$$\cdots\cdots$$
$$Z_p(x_1, x_2, x_3, \ldots, x_n)$$

　　限制條件為：

　　Subject to：

$$g_1(x_1, x_2, x_3, \ldots, x_n) \leqq 0$$

---

[8]　Anthony J., Catenese (1972): Scientific Method of Urban Analysis. pp.165-187.

[9]　可參考謝潮儀：計量方法與都市土地使用模型。第 191～196 頁。

[10]　同註九，第 224～336 頁。

$$g_2(x_1, x_2, x_3, \dots, x_n) \leqq 0$$

……

$$g_p(x_1, x_2, x_3, \dots, x_n) \leqq 0$$

且

$x_1, x_2, x_3, \dots, x_n \geqq 0$；

$Z(x_1, x_2, x_3, \dots, x_n)$為多目標函數；

$Z_1(x_1, x_2, x_3, \dots, x_n)$；

$Z_2(x_1, x_2, x_3, \dots, x_n)$；

……

$Z_p(x_1, x_2, x_3, \dots, x_n)$為 p 個目標中的個別目標函數。

㈣計畫目標的調和方法

公共計畫的目標，經常需要磋商、交換意見與不斷妥協，方能確定，公聽會、說明會、研討會，也會經常舉行；在技術規劃層次上，規劃師常用的計畫目標調和方法有四種[11]：

1.加權法（Weighting Method）：本法需有一組指標來做權數，估計權數的方法有二：一是由迴歸分析來計算參數，另一則由規劃者依據一系列的假設直接加以認定。

2.遂次消去法（Sequential Elimination Method）：本法又稱過濾法（Filtering Method）；乃是基於目標間可取捨（Trade-off）的假定下，不斷的增減限制條件或標準來決定。

3.數學規劃法（Mathematical Programming Method）：由目標函數與限制條件的設計來處理複雜的問題。本法類似多目標規劃。

4.空間近似法（Spatial-Proximity Method）：本法採用圖形展現

---

[11] Mac Crimmon K. P. (1973): An Overview of Multiple Decision Making.

或直觀法來說明目標的調和,如經濟理論的無異曲線分析。

此四種方法,以加權法應用最廣,其次為空間近似法。

規劃是針對未來所做的一系列決策過程,資訊的處理、分析與預測可協助計畫者、決策者了解現況,展望未來,它可說是計畫先期作業的準備工作。俗語言:工欲善其事,必先利其器。良好的計畫作業實有賴完善確實的資料,精密可靠的處理、分析與預測,才能據以策定有效、可行的方案。

CHAPTER 6

計量方法及其應用㈠

計量方法的分類

在第五章中，我們提到為了掌握對未來不確定性的了解，30 年代以後，社會科學產生了巨大的變化，由質的分析（Quality Analysis）進入量的分析（Quantity Analysis），再加上電腦工具的使用及系統分析的蓬勃發展，各種預測及分析方法大量的產生並且不斷的演進，這些方法可以統稱為計量方法（Quantitative Methods）。

80 年代以後，由於網際網路的興起，使得人類獲得資訊及資料的能力，大幅度的擴展，再加上議題導向公共政策論壇的興起，使質化分析又再度發揮光大。這些發展，使吾人對資料的處理分析與預測能力大為增強，歸納這些方法主要可分為：⑴數學方法（Mathematics）；⑵微積分（Calculus）；⑶統計學（Statistics）；⑷多變量分析（Multivariate Analysis）；⑸系統分析（System Analysis）；⑹機率模型（Probability Model）；⑺電腦應用（Computer Application）等七種，其意義及細分類如表 6－1 所示。

這些計量方法在實務上的研究應用頗為可觀，例如應用在土地使用規劃者，有勞利模型（Lowery Model）、經驗模型（Empiric Model）、赫伯－史蒂芬模型（Hebert-Steven Model）、NBER 模型、DRAM 模型、動態模型（Dynamic Model）等多種；應用在運輸規劃者有旅次產生模型（Trip Generation Model）、旅次分派模型（Trip Distribution Model）、交通指派模型（Traffic Assignment Model）、運具選擇模型（Mode Choice Model）等多種；應用在公共設施規劃中有：服務地區模型（Service-Area Model）、教育系統模型（Eeducation System Model）、市場區位模型（Market-Location Model）等多種；應用在區域規劃中有經濟基礎理論（Economic Base

Model）、世代生存法（Age-Cohort Survival Model）、產業關聯分析
（Input Output Analysis）等多種。

　　本章及第七章中，將就各種大分類的計量方法，選擇一種比較
常用的方法，來加以說明，使讀者能對計量方法有更深一層的認
識，在第八章中，並舉因子分析為例，來說明因子分析如何應用在
都市研究之中。

表6-1　計量方法的分類意義及應用

分　　類		說　　明	應　　用
類	方　法		
(1)數學方法	1.線性代數（Linear Algebra）	線性代數又稱矩陣法，將一群數有規則的排列成長方形陣式，並以括號（）或〔〕包圍之，稱為矩陣（matrix），利用矩陣的運算規則，可以計算出許多吾人想獲得的結果。	• 世代生存法（Age Cohort Survival Model） • 目標達成矩陣法（Goal Achievement Matrix） • 投入／產出分析（Input/ Output Analysis）
	2.巨變理論（Catastrophe）	巨變理論係以質性分析（Quality Analysis）來探討系統之不連續行為，以便做合理的解釋與應用；並依據系統的內在特質來處理系統可能預示的不規則行為或狀態。拓璞學為抽象數學的一部分，以集合論為基礎，強調不執著於形象，亦無關於歐氏空間概念。它指一個函數從一個空間到另一個空間，若能繼續保持其連續性與方向，	• 折疊巨變（Fold Catastrophe） • 杯形巨變（Cups Catastrophe） • 蝴蝶形巨變（Butter Fly Catastrophe） • 燕尾形巨變（Swallowtail Catastrophe） • 雙曲線巨變（Hyperboric Catastrophe） • 橢圓形巨變（Elliptic Catastrophe）

		則此兩個空間乃同一位相，此種研究位相的學科稱為拓璞學。	· 拋物線型巨變（Parabolic Catastrophe）
	3. 拓璞學（Topology）		· 經濟理論
(2)微積分	1. 微分學（Differential）	利用極限定理，來尋求函數之最適解（極大值或極小值），及達成最適解的各種相關狀況或條件，又可分為全微分及偏微分兩種。	· 求廠商利潤最大化 · 拉氏乘數法（Method of Lagrange Multiplier Method） · 成本最小模型（Minimum Cost Models）
	2. 積分學（Intergate）	積分乃是微分的反函數，可以求得某一曲線函數涵蓋面積。	求函數之範圍或累積次數分配
(3)統計方法	1. 記述統計（Descriptive Statistics）	以大量觀察為基礎之統計方法，包括統計資料的蒐集、整理、分析等。	· 平均數與離差（Means and Dispersion） · 指數（Index） · 時間序列分析（Time Series） · 簡單相關分析（Simple Correlation） · 複相關（Multiple Correlation）

	2.推測統計學（Statistical Inference）	以機率論為基礎，根據樣本（Sample）結果以推測母群體（Parent Population）特性的統計方法。	• 統計推定法（Statistical Estimation） • 統計檢定法（Testing Hypotheses） • 變異數與互變數分析（Analysis of Variance and Covariance） • 逐次分析法（Sequential Analysis） • 無母數統計法（Non-Parametric Methods）
(4)多變量分析	多變量分析（Multi Variable Analysis）	由兩種或兩種以上的變量資料，利用多元空間之統計與線性代數等方法，將複雜的問題或現象抽象化、數量化後，對該問題或現象做合理而有系統之整理、分類、判斷、特性說明、評價、預測等為目的的一種分析方法。	• 多元迴歸分析（Multiple Regression Analysis） • 判別分析（Discriminate Analysis） • 因子分析（Factor Analysis） • 正準相關分析（Canonical Correlation Analysis） • 群落（組群）分析（Cluster Analysis） • 線型模型（Linear Model） • 非線型模型（Non-Linear Model） • 計量經濟模型（Econometric Model）

(5) 系統分析法	系統分析（System Analysis）	以系統的觀點利用適當的知識、技巧、原理或原則來考慮達成指定目標的種種方案並予以評價的一種科學方法。	• 一般系統理論（General System Theory） • 線性規劃（Linear Programming） • 動態規劃（Dynamic Programming） • 遊戲理論（Game Theory）
(6) 機率方法	機率模型（Probability Model）	出現事象 A 的機率為出現事象 A 之次數與出現各種事象（Event）總次數之比。研究事象出現或發生之可能之學科稱為機率模型。	• 超幾何分配（Hyper Geometric Distribution） • 二項分配（Bionomical Distribution） • 常態分配（Normal Distribution） • 樣本統計量分配（Sampling Distribution） • 線型機率模型（Linear Probability Model） • Probit Model Logit Model
(7) 電腦應用	電腦模擬（Computer Simulation）	利用電腦計算迅速，精確的優點，將錯綜複雜的問題，予以合理分析、預測和研究的科學方法。	• 社會科學統計類集程式（SPSS） • 都市資訊系統（Urban Information System） • 模擬（Simulation） • 管理資訊系統（Management Information System）

數學方法——投入／產出分析

投入／產出分析（Input-Output Analysis），又稱為產業關聯分析，最早由李昂提夫（Leontief）所提出，基本上乃是以矩陣法（Matrix）來研究各種產業間的投入—產出關係。表 6-2 即為有五項產業之投入產出表（Input-Output Table）。

此表的每一列，代表各該部門的投入量；每一欄位代表各該部門的產出量，每一個數字顯示出該部門產業對其他產業的貢獻度與依存度，因此又稱為產業關聯表或產業關聯交易表。

表 6-2 是一個有五部門的簡化投入產出總表，本表係一個封閉系統，輸入及輸出並不考慮（事實上，投入產出分析亦可考慮輸入及輸出），縱軸的 $x_{i.}$ 部門統稱為生產部門；附加價值 V 表示家計部門的貢獻；$X_{.j}$ 表示 $x_{.j}$ 部門的總產出或總供給；橫軸的 $x_{i.}$ 部門為消費部門或投入部門（本部門為供投入再生產之用）；表示最後需求

表 6-2　投入／產出表

投入 j ＼ 產出 i	部 x_{ij} 門					Y 最後需求	總需求 D
	1	2	3	4	5		
部　　1	x_{11}	x_{12}	x_{13}	x_{14}	x_{15}	Y_1	$X_{1.}$
2	x_{21}	x_{22}	x_{23}	x_{24}	x_{25}	Y_2	$X_{2.}$
x_i　3	x_{31}	x_{32}	x_{33}	x_{34}	x_{35}	Y_3	$X_{3.}$
4	x_{41}	x_{42}	x_{43}	x_{44}	x_{45}	Y_4	$X_{4.}$
門　　5	x_{51}	x_{52}	x_{53}	x_{54}	x_{55}	Y_5	$X_{5.}$
V 附加價值	V_1	V_2	V_3	V_4	V_5		V
總　供　給	$X_{.1}$	$X_{.2}$	$X_{.3}$	$X_{.4}$	$X_{.5}$	Y	X

（Final Demand）係不投入生產而供直接消費之用的產出，X_i 表部門的總需要，$X_{.j}$ 表總供給，所以 X 為總供給，亦為總需要。即：

$$X = X_{1.} + X_{2.} + X_{3.} + X_{4.} + X_{5.}$$
$$= X_{1.} + X_{2.} + X_{3.} + X_{4.} + X_{5.}$$

而 x_{ij} 為生產部門 j 的產品而投入 i 部門的生產因素。

投入產出表具有下列特性：

1. Xij＝Xij，表示 j 產業的投入額等於 i 產業的產出額，每一個 Xij 既表示產出，亦表示投入。

2. X.i＝X.j，表示 i 部門的總供給等於 j 部門的總需求。

3. ΣYi＝ΣVj，表示最後需求的總額等於家計部門附加價值的總額。

由投入／產出表，可以定義投入產出係數 aij，為投入 i 產業生產因素與產出 j，產業總值之比，即：

$$a_{ij} = x_{ij} / x_{.j} \quad \cdots\cdots 中間投入產出係數$$
$$V_j = v_j / x_{.j} \quad \cdots\cdots 原始投入產出係數$$

投入產出係數可知 aij 的值愈大表示 Xij 與 x.j 的依存關係愈大，亦即投入產出係數可表示產業間的依賴關係程度，亦即產業間的技術轉換率，計算每一個 aij，可得如表 6-3 的投入產出係數表。

表6–3　投入產出係數表

	1	2	3	4	5	total
1	a_{11}	a_{12}	a_{13}	a_{14}	a_{15}	1.00
2	a_{21}	a_{22}	a_{23}	a_{24}	a_{25}	1.00
3	a_{31}	a_{32}	a_{33}	a_{34}	a_{35}	1.00
4	a_{41}	a_{42}	a_{43}	a_{44}	a_{45}	1.00
5	a_{51}	a_{52}	a_{53}	a_{54}	a_{55}	1.00
V	V_1	V_2	V_3	V_4	V_5	1.00
total	1.00	1.00	1.00	1.00	1.00	

　　假若 X 表示總產出矩陣，Y 為最後需求矩陣，Aij 為投入產出係數矩陣，設 M 表示中間產出矩陣，則表6–2可化為：

$$M + Y = X \cdots\cdots(1)$$

M, Y, X 均為矩陣。

又因：$a_{ij} = x_{ij} / x_{.j}$

所以：xij $= a_{ij} \cdot x_{ij}$

亦即　　　　$M = A \cdot X \cdots\cdots(2)$

代入(1)得　$A \cdot X + Y = X$

　　　　　　$Y = X - AX$

其中 I 為單位矩陣，其值為
$\begin{vmatrix} 1 & 0 & 0 & 0 & 0 \\ 0 & 1 & 0 & 0 & 0 \\ 0 & 0 & 1 & 0 & 0 \\ 0 & 0 & 0 & 1 & 0 \\ 0 & 0 & 0 & 0 & 1 \end{vmatrix} = 1$。

　　由於 aij 表示 j 產業轉變成 i 產業的技術轉換率（Technologic Transformation Rate），在短期（Short Run）的假設下，技術往往不

易變動，所以 aij 為固定，因而（I-A）$^{-1}$是已知，因此假設技術轉換率為已知，吾人可由最後需求 Y 的變動，來推求中間財貨在各產業間相應變化的情況。

（I-A）$^{-1}$即一般通稱的逆矩陣係數，表示乘數的影響效果，又稱為李昂提夫反矩陣。

微積分方法──拉氏乘數法

㈠微積分方法

微積分是一門很有趣的科學，由於微積分的發明，使得數學的使用到達一個高峰，微積分是研究抽象變化的科學，而人生不正是充滿著許多的驚奇與變化，筆者很喜歡的宋詞：蘇東坡先生的《水調歌頭》，描述著人生的變化與無常：

明月幾時有，把酒問青天，不知天上宮闕，今夕是何年？

我欲乘風歸去，唯恐瓊樓玉宇，高處不勝寒，起舞弄清影，何似在人間？

轉朱閣，低綺戶，照無眠，不應有恨，何事常向別時圓？

人有悲歡離合，月有陰晴圓缺，此事古難全，但願人長久，千里共嬋娟。

騷人墨客往往將物換星移，人事無常，化成詩篇。人生歷史，歷史人生，其實無常的並不僅是人生，變化的也不止是歷史，宇宙

天地亦無時無刻不在變化，有些變化十分驚人，有些變化卻十分緩慢，然而變化實為宇宙人生的一個重要特性。

都市亦然，所謂「一年成聚，二年成邑，三年成都」，正是說明一個都市隨著時間而成長，都市亦如同生命體一樣，有發生、有成長、有繁榮，也有衰退、死亡。

微積分（Calculus）是研究如何變化及變化結果的科學，微分（Differential Calculus）的研究重點便在於如何變化，積分（Integral Calculus）研究重點則在變化的結果。微分與積分的關係，正如莊周與蝴蝶的關係。

> 「昔者莊周夢為蝴蝶，栩栩然蝴蝶也，自喻適志與，不知周也。俄然覺，則遽遽然周也。不知周之夢為蝴蝶，蝴蝶之夢為周與？周與蝴蝶，則必有分矣。此之謂『物化』。」
>
> ——莊子·齊物論

以現代之例來說，速度是位置移動的變化率，亦即物體移動函數的斜率，反之，位置則是速度變化的結果，計算具體而微的變化狀況，須借重微分技術，計算物體移動在 t 時間後的位置，須借重積分技術，兩者關係如圖 6-1。

通常由大觀小我們稱之為巨觀或鳥瞰。由小觀大我們稱之為微觀或蟲瞰，微分的理念是微觀，積分的理念是巨觀。而吾人對都市的研究則兼取兩者，稱為中觀或人看：

圖 6-1　變化與物化

莊周 ⟶ 蝴蝶 ⟶ 莊周（物化）
位置 ⟶ 速度 ⟶ 位置（變化）

巨觀（Macro）──以大看小──鳥瞰──積分

中觀（Mess）──以系統看都市──人瞰──都市模型

微觀（Micro）──以小看大──蟲瞰──微分

　　微積分的發展，大抵是先有積分，才有微分。微積分的萌芽，最早可追溯至古希臘的數學家阿基米得 Archimedes，阿基米得 Archimedes 大約在公元前二百五十年左右，首先利用窮盡法（Method of Exhaustion）來計算面積，他利用圓的內接多邊形邊數的逐漸增加來計算面積，此即吾人所稱之定積分（Definite Integral）的原始概念。

　　此後整個希臘數學的發展卻轉向天文學（Astronomy），直至西元第三世紀 Pappas 才繼續在微積分的領域，發現了著名的 Pappas 定理。其後由於野蠻民族入侵羅馬帝國，造成西羅馬帝國的滅亡，歐洲進入黑暗時代（Dark Age），數學流落到東方的拜占庭（Byzantium）和波斯（Persian），再傳到阿拉伯國家。

　　公元 10 世紀，美索不達米亞的數學家 Haitham 利用窮盡法成功的計算出拋物線截面對其旋轉軸的體積。公元 1615 年，德國天文學家 J. Kepler 為了要找一個容積固定而最節省材料的酒桶來儲存大豐收的葡萄酒，於是他利用直觀的無窮小量（Infinitesimal）論證法來計算葡萄酒桶的體積，這便是微分學的濫觴。

　　1637 年 Descartes 與 Fermat 不約而同的發明了解析幾何，這一發明，對微積分學的發展有關鍵性的影響。

　　在同一時期法國數學家 Blaise Pascal 創造了部分積分法（Partial Integral）來計算三角函數及代數函數的積分，John Wallis 首度利用極限的概念來推理和解釋微積分。德國數學家 Nicolas Mercado 及蘇格蘭的 James Gregory 亦利用級數論，對幾何級數逐次積分，並以微分法決定級數展開中的係數。

　　然而這些的發展仍侷限於微分或積分之一隅。第一個發現微分和積分互逆性的是 Isaac Barrow 在 1670 年出版之《Lections Geometrical》一書，而第一個有系統的使用微分工具在計算積分的是發現萬有引力定律的物理學家Newton在1666年所發展的流數法則（Method of Fluxions）。幾乎在同一時期Leibnitz發展出微積分的符號系統，所以一般稱微積分是Newton與Leibnitz二人共同發明的。至於微積分的基礎概念一極限，則一直到實數論出現以後，才完全發展出來。

㈡拉氏乘數

拉氏乘數法（Method of Lagrange Multiplier）為拉氏（Comte de Lagrange）所創，乃是解線性規劃（Linear Programming）或非線性規劃（Non-Linear Programming）最常用的方法，其法如下：

設　目標函數：$f(x) = f(x_1, x_2, ..., x_n)$

限制條件：$g(x) = g(x_1, x_2, ..., x_n)$

欲求目標函數之最適化（Optimize），則建立拉氏函數如下：

$$L(x1, x2, ..., xn, \lambda) = f(x1, x2, ..., xn) + \lambda g(x1, x2, ..., xn)$$

式中 λ 即為拉氏乘數。

其次；對拉氏函數就各變數 $x1, x2, ..., xn$ 及 λ 作偏微分；並令其為零。

$$\begin{cases} \dfrac{dL}{dx_1} = & \dfrac{df}{dx_1} & +\dfrac{dg}{dx_1} = 0 \\[2mm] \dfrac{dL}{dx_2} = & \dfrac{df}{dx_2} & +\dfrac{dg}{dx_2} = 0 \\ \vdots & \vdots & \vdots \quad \vdots \\ \dfrac{dL}{dx_n} = & \dfrac{df}{dx_n} & +\dfrac{dg}{dx_n} = 0 \\[2mm] \dfrac{dL}{d\lambda} = & g(x_1, x_2, ..., x_n) = & 0 \end{cases}$$

解上述聯立方程式組，解得之 $x_1, x_2, ..., x_n$ 即為所求。

一般統計方法──迴歸分析

㈠基本概念

兩群數量變數間的關係，如果有的話，一般而言可有兩種，一是函數關係（Functional Relationship），一是統計關係（Statistical Relationship）。

所謂函數關係，表示兩變數間的因果關係，常以一數學式表示，設 x 為自變數（Independent Variable），y 為應變數（Dependent Variable），則 x, y 間的因果關係可以 $y = f(x)$ 表示，如給予一個 x 值，可得 y 之對應值，亦即自變數 x 之增加（或減少）為另一應變數 y 增加（或減少）之原因，反之，應變數 y 之增加（或減少）為自變數增加（或減少）之結果。

而所謂統計關係表示兩變數之相關關係，應變數並非必然的落在與自變數相對的一點上，應變數與自變數的關係為偶然相關，而非必然相關（此稱為隨機性質 Stochastic）。因此，兩變數 x、y 雖

有相關，但某一變數的增加（或減少）並非另一變數增加（或減少）的原因或結果，兩變數的增減可能是受另一個未知變數的影響。

兩個或兩個以上變數的統計關係分析方法，按其目的可分為兩類：(1)迴歸分析法；(2)變異數分析法（Variance Analysis）。變異數分析法是分析有關變數對某一變數影響情形的分析法。

㈡迴歸分析

迴歸分析（Regression Analysis）為統計關係常用分析法之一，迴歸模式係表示統計的相關關係，在此一模式中，有兩項假定：

1. 在抽取觀測值之全體中，對應於每一 X_i 之 Y，有一機率分配。
2. 此等機率分配之平均數隨 X_i 作有系統的變化。

因此，迴歸模式可能因其函數形式而有不同，亦可因 Y 之機率分配或其他方面之不同而異。但不論其變化如何，對應於某一 X 之 Y 的機率分配之概念，即相當於統計的相關關係，而迴歸曲線即相當於 Y 隨 X 作有系統變化之一般趨勢。

建立迴歸模式之中心問題，在於如何選取自變數方可達分析之目的，其主要原則如下：

1. 所選之自變數應為對所研究之問題有重要影響。
2. 所選取之自變數間，最好是互斥，否則相關程度要越低越好。
3. 所選取之自變數與未選取者間相關程度要高，使選取者皆為重要之變數。
4. 為了操作上的原因，變數之觀測值是否便於取得及是否可靠合用。
5. 相關程度較高之變數，可取變數之處理結果比較方便，而費用最少者。

迴歸方程式之函數形式通常不能預知，必須蒐集資料，分析後方可決定，但有時，為了簡化問題，常對未知性質的迴歸函數，以

一次或二次迴歸函數為其假設的近似式。

　　迴歸模式中之隨機變數是否為常態分配（Normal Distribution）因此可分為 A 型及 B 型，A 型為一般常態分配假定下的模式，B 型則不為常態分配假定下的模式，在 B 型模型中，由於隨機變數之分配不為常態分配，或竟為不知，故由最小平方法（Least Square Method）求得點推定量後，不能用 A 型模型之方法，以進行區間推定。

　　但在大樣本時，可根據中央極限定理（Central Limited Theory），用常態分配以進行區間推定及檢定。

　　在 A 型模型中：

$$Y_i = \beta_0 + \beta_i x + E_i$$

Y_i：可觀測之隨機變數；

E_i：不可觀測之隨機變數；

x：可觀測之數學變數；

β_0 及 β_i：為未知母數。

　1. 有關（ε_i）之基本假設：

　　(1) $E(\varepsilon_i) = 0$；

　　(2) $V(\varepsilon_i) = \sigma^2$（為常數，此稱為相等變異性 Homoscesdasticity）；

　　(3) $C_{0v}(E_i, E_j) = 0$,　　　$i \neq j$；

　　(4) $\varepsilon \approx N(0, \sigma^2)$。

　2. 由以上四假設可導出有關 Y_i 之條件：

　　(1) $E(Y_i) = \beta_0 + \beta_i x_i$；

　　(2) $V(Y_i) = \sigma^2$（為常數）；

　　(3) $C_{0v}(Y_i, Y_j) = 0$,　　　$i \neq j$；

　　(4) $Y_i \approx N(\beta_0 + \beta_i x_i, \sigma^2)$。

建立模式之基本方法有二：一為最小平方法（Least Square Method），另一為最大概似法（Maximum Likelihood Methods），兩者之原理完全一致，前者可由後者導出，前者在求誤差之最小，後者在使可能性為最大，一般常用最小平方法以建立模式。由 Gauss-Markou 定理：

依最小平方法之條件，最小平方估計式為不偏，且在所有線性不偏估計式中，其變異數為最小。

可知，由最小平方法求得之母數，合於統計學上不偏性（Unbiased ness）、有效性（Efficiency），一致性（Consistency）與充分性（Sufficiency）等四項原則。

㈢逐步迴歸

本法先算出一系列之迴歸方程式，在每一步驟增加或減少一自變數，並以誤差平方和（Error Sum of Squares, SSE）之減少，偏相關係數（Partial Coefficient）或 F 統計量，作為增加或減少自變數之判斷準則，步驟如下：

將 P-1 個自變數之每一自變數，作一簡單迴歸方程式，以 F 統計量檢定每一方程式中之斜率是否為零，任一自變數，使 F 值最大者，應列為第一候補自變數，如 F 之數值超過預定之數，則將此一候補自變數加入，否則模式中不加自變數。

假定 x_7 為第一步驟中增加之自變數，此時應計算所有含 x_7 與另一自變數之迴歸，再重新計算每一迴歸方程式之 F 統計量。當 x_7 與 x_k 為自變數時，此統計量為檢定是否 $\beta_k = 0$，再以其他自變數暫時加入，計算 f^*，取 f^* 為最大者之自變數為第二階段之候補自變數，倘若 f^* 超過預定之值，則將此候補者加入模式，否則模式中不加自變數。

假定在第二步驟中，模式加入 x_3，此時應檢查迴歸模式中之自變數是否有應排除者，亦即需計算：

$$f_7^* = MSR\,(x_7, x_3)\,MSE\,(x_3, x_7)$$

而在以後各步驟中，對模式中每一變數之 f^* 值，均需計算，但最後加入模式中之自變數，則毋需計算 f^*，模式中各自變數而能使 f^* 值最小者，該變數應為候補排除者。若 f^* 小於預定之限度，則將該變數排除，否則保留。

若未排除 x_7，此時模式中有 x_3 與 x_7，逐步迴歸之例行手續，當檢查那一自變數為後補增加者，再檢查已在模式中之自變數有無應排除者，如此繼續進行，直至模式中，無可加或減之自變數為止。

逐步迴歸中，在前幾步驟中，加入模式之自變數，在以後之步驟中，如發現其無大功效，亦可予以排除。

㈣變異數分析

1. 基本觀念

變異數分析法之基礎，乃將應變數 Y 之總平方和及對應之自由度劃分為幾部分。

⑴總平方和之劃分（如圖 6-2）

$$TSS\,（總差異量數之平方和）= \Sigma(Y_i - \overline{Y})^2$$
$$SSE\,（誤差平方和）= \Sigma(Y_i - \hat{y})^2$$
$$SSR\,（迴歸平方和）= \Sigma(\hat{Y}_i - \overline{Y})^2$$
$$TSS = SSR + SSE$$

以變異數分析（Variance Analysis）的觀點來說 TSS 為總平方和，SSE 為組間平方和，SSR 為組內平方和。

圖 6-2　迴歸分析的總變異圖解

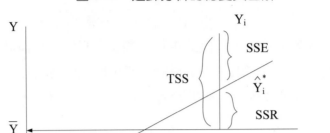

(2)自由度之劃分

TSS 之自由度共 $n-1$，因有線性限制 $\Sigma(Y_i-\overline{Y})=0$（$n$ 為樣本數）。

SSE 有自由度 $n-k$，由 $Y_i-\hat{y}$，須估計之母數有 K 個（k 為變數個數）。

SSR 有 $k-1$ 個自由度，因迴歸方程式中有 k 個母數，但差數 $Y_i-\hat{y}$ 受 $\Sigma(\hat{y}-\overline{Y})=0$ 之限制，故應減少一自由度。

(3)平均方（Mean Square, MS）

平方和除以其自由度稱為平均方，故迴歸平均方（Regression Mean Squares, MSE）。$MSE=SSE/n-k$。

2.變異數分析表（ANVOA）

(1)基本變異數分析表（見表 6-4）

表 6-4 基本變異數分析表

變源	平方和（SS）	自由度（df）	平均方（MS）	期望平均方（Σ）
迴歸	SSR	1	MSR	$\sigma^2 + \beta^2\Sigma(x_1-x)^2$
誤差	SSE	n−2	MSE	σ^2
總和	TSS	n−1		

表 6-5 修改之變異數分析表

變源	平方和（SS）	自由度（df）	平均方（MS）
迴歸	SSR	1	MSR
誤差	SSE	n−2	MSE
總和	TSS（=TSSU−SS）	n−1	
平均校正	$SS = N\bar{Y}^2$	1	
總和（未校正）	$TSSU = \Sigma Y_i^2$	n	

⑵修改之變異數分析表（見表 6-5）

㈤模式的推定與檢定

推論統計學是一種由樣本推論全體獲得一般性結論的統計方法。其基本方法包括：⑴點推定。⑵區間推定。⑶統計假設的檢定。其進一步的方法尚有：⑴迴歸分析。⑵變異數及互變異數分析。⑶逐次分析法。⑷無母數統計方法等。其所面對的樣本其範圍通常較小，故亦稱之為小樣本理論。又是一種歸納推理的方法，故又稱之為歸納統計學。

統計推定為如何依據機率原理，以決定群體上之某種母數應以樣本中何種統計量代表之為最合適（此稱為點推定 Point Estimation）

以及如何依據機率原理由樣本統計量以決定群體母數可能所在範圍之方法（此稱為區間推定 Interval Estimation）。

統計檢定（Testing Hypothesis）即如何依據機率原理由樣本資料以檢定對群體母數所下假設，是否成立之方法。本模式有關之推定及檢定見表6-6。

表6-6　迴歸模式之推定及檢定一覽表

母　數	假　設	區間推定
β_0	$H_0 : \beta_0 = 0$	$\hat{\beta}_0 - t_{\alpha/2}\sqrt{\dfrac{\Sigma x_1^2 \Sigma(y_1 - \hat{\beta}_1 - \beta_1\alpha_1)}{n(n-2)\Sigma(x_1-\bar{x})^2}} \le \beta_0$ $\le \hat{\beta}_0 + t_{\alpha/2}\sqrt{\dfrac{\Sigma x_1^2 \Sigma(y_1 - \hat{\beta}_0 - \beta_1\alpha)^2}{n(n-2)\Sigma(x_1-\bar{x})^2}}$
β_1	$H_0 : \beta_1 = 0$	$\hat{\beta} - tSe\sqrt{\dfrac{n}{(n-2)\Sigma(x-\bar{x})^2}} \le \hat{\beta}_1$ $\le \hat{\beta} + tSe\sqrt{\dfrac{n}{(n-2)\Sigma(x-\bar{x})^2}}$
β_1	$H_1\ \beta_1\ (i=.1\cdots p-1)$ 全為零 $H_2\ \beta_h\ (h=1\cdots p-1)$ 不全為零	$\hat{\beta} - tSe - \sqrt{\dfrac{n}{(n-P)\Sigma(x-\bar{x})^2}} \le \hat{\beta}_1$ $\le \hat{\beta} + tSe\sqrt{\dfrac{n}{(n-P)\Sigma(x-\bar{x})^2}}$
y_h	$H_0 : y = y_h$	$\hat{y_h} - B_f(Y_h(N)) \le y_h(N) \le \hat{y_h} + B_f(Y_h(N))$ $B_f = t(1-\alpha/2r;\ n-2)$
ϵ	$H_0\ \epsilon$ 為常態分配	
σ	$H_1 : \sigma$ 不為常數 $H_2 : \sigma$ 為常數	$\dfrac{nS^2}{x_L^2} \le \sigma^2 \le \dfrac{nS^2}{x_L^2}$
迴歸線是否為直線	$H_0 :$ 母群體迴歸線為直線	
R	$H_0 : R = 0$	

檢定之統計量	棄卻區域
$t = u/\sqrt{x^2/f} = \dfrac{\hat{\beta}_0 - \beta_0}{\dfrac{\sigma\sqrt{\sum x_1^2 / n\sum(x_1-\bar{x})^2}}{\sqrt{\dfrac{n\hat{\sigma}^2}{\sigma^2}/n-2}}}$	$\lvert t \rvert > t_{\alpha/2}$
$t = u/\sqrt{x^2/f} = \dfrac{\hat{\beta}_1 - \beta_i}{\dfrac{\sigma y^2 \sum(x_1-\bar{x})^2}{\sqrt{\dfrac{n\hat{\sigma}^2}{\sigma^2}/n-2}}}$	$\lvert t \rvert > t_{\alpha/2}$
$f^* = \dfrac{SSE(R) - SSE(F)}{(n-q)-(n-P)} \Big/ \dfrac{SSE(F)}{n-P}$ 或 $f^* = \dfrac{MSR}{MSE}$	$f^* \leq f(1-\alpha,\ P-1,\ n-P)$ 結論 H_1 $f^* > f(1-\alpha,\ P-1,\ n-P)$ 結論 H_2
$t = t(1-\alpha/2;\ n-1)$	$\lvert t \rvert > t_{\alpha/2}$
SSLF（不配合誤差平方向） $= \sum\limits_{j=1}^{n} n_j (\bar{Y}_j - \hat{Y}_j)^2$	RUN 檢定
$E(MSLF)$ $= \sigma^2 + \dfrac{\sum n_j [(E(Y_j)-(\beta_0+\beta_i x_j))]^2}{C-2}$ $F^* = F(C-2,\ n-C)$	$f^* \leq f(1-\alpha,\ C-2,\ n-C)$ 結論 H_1 $f^* > f(1-\alpha,\ C-2,\ n-C)$ 結論 H_2
$F_0 = \dfrac{\eta^2 - r^2}{1 - \eta^2} \cdot \dfrac{n-k}{k-2}$ $\quad = F(k-2,\ n-k)$ $k = $ 計算 η^2 時資料所分組數 $\eta^2 = $ 相關比，$r^2 = $ 相關係數	$F > F_\alpha$
$F_0 = \dfrac{R^2}{1 - R^2} \cdot \dfrac{n-k}{k-1}$ $\quad = F(k-1,\ n-k)$ $k = $ 變數個數	$F > F_\alpha$

多變量方法——因子分析

(一)因子分析（Factor Analysis）之意義

在數學中，當方程式「$ba=x$」有整數解時，我們說 b 整除 a，通常以「b/a」記之。而所有能整除 a 的整數皆稱為 a 的因子（Factor），把 a 表成其因子的乘積的種種表法叫做 a 的因子分解，而在因子與因子之間，通常我們會力求互質，所謂互質，就是說這兩個（以上）數字之間，完全沒有關係，或是說互相獨立，這種方法稱為質因素分解。

多變量分析方法在實際中的應用，內容其實非常豐富，包括有多元線性迴歸、多元逐步迴歸、主成分分析、因子分析、系統聚類分析、動態聚類分析、模糊聚類分析、多組判別分析、逐步判別分析、對應分析、典型相關分析、馬爾科夫概型分析等等均屬多變量分析，本節介紹最常用的因子分析。

在各種自然或社會現象中，人類也嘗試以多種變量來說明樣本特性；通常這些變量間我們均假設為相互獨立，即每個變量僅單獨對樣本有影響，而其相互間則並不相互依存，但實際上這些變量之間不為相互獨立，而是某些程度的相關。

若假設這些變量全體有某種共通的基本因子存在時，吾人將這些因子，稱之為共通因子（因子個數不只一個）。因子分析就是要找出這些共通因子，並求各變量對這些因子，有多大的寄與權數（因子負荷量）。

由這些權數的大小，吾人可將此多種樣本分成數個變量群體，而加以整理分類，其結果，可以簡化樣本，並說明其特性。且由所

求出之各樣本的因子得點，吾人可將樣本分成若干群體（Grou-pings）。

㈡因子分析模型的理論

我們以都市住宅社區來說明這樣的分析方法，首先如果可以 p 個變數：$x_1, x_2, x_3, ..., x_p$ 來說明都市次地區（Sub-areas）的特性，通常這些變數間有某種程度的相關（Correlation）。因子分析也假定這些變數有共通之基本因子存在，且各變數可以用這些共通因子之線性結合表示。因此，設有 m 個共通因子，即：

$$f_1, f_2, ..., f_m\,(p > m)$$

此時，P 個變數可表示如下：

$$X_1 = \mu_1 + a_{11}f_1 + a_{12}f_2 + \cdots + a_{1m}f_m + e_1$$
$$X_2 = \mu_2 + a_{21}f_1 + a_{22}f_2 + \cdots + a_{2m}f_m + e_2$$
$$\cdots\cdots$$
$$X_p = \mu_p + a_{p1}f_1 + a_{p2}f_2 + \cdots + a_{pm}f_m + e_p$$

其中，μ_i 為 x_i 之期望值，a_{ij} 為未知的因子負荷量（Factor Loading），導入矩陣如下：

$$x' = (x_1, x_2, x_3, ..., x_p)$$
$$\mu = (\mu_1, \mu_2, ..., \mu_p) = E\,(x')$$
$$f = (f_1, f_2, f_3, ..., f_m)\,(m < p)$$

而 f 的係數矩陣（因子負荷矩陣）未知，故在因子分析的技術

性分析中，以求因子負荷矩陣為主要目的，而解釋性分析中以解讀因子線性組合為主。

虛擬變數法

㈠不能數量化變數之處理

在本節中，吾人嘗試著把代表某種不能數量化之性質變數引進分析架構中，本節之目的乃在說明此種性質變數所造成之問題及處理方法。此種非數量化變數之處理通常採用傳統號碼法及虛擬變數法。

㈡傳統號碼（code）法

例如我們把都市體系分為：農村中心、一般市鎮、次地方中心、地方中心、區域中心、中樞管理中心，並由前至後給予 1-6 的數值，即都市體系是一個變數，但有六種可能的數值，此一方法有一嚴重的缺點，即指定號碼缺乏客觀的標準，因為在指定號碼時，我們已將主觀的價值判斷加了進去。例如在上述例子中，吾人已認定，一般市鎮之規模為農村的二倍，而中樞管理中心為農村中心的六倍，地方中心的四分之六倍。

㈢虛擬（Dummy Variable）變數法

依上述之例，吾人可以把都市體系分成六組，並以六個變數來表示都市體系此中一特性。此即倘表地方中心之城市，則予代表地方中心之變數予以觀察值 1，其餘為 0，餘可類推。

虛擬變數顯然避免了號碼法各組間固定倍數關係之缺點，因為

在進行分析時用掉較多的自由度，故可獲得較高之R^2值。然而我們很容易得出，虛擬變數法大大地增加了變數的數目。如果同時包括很多非數量化特性，而每一特性又分成很多組（即虛擬變數），則這些變數大量地增加，不但大大地增大計算費用，而且亦可能遭到計算機容量之限制。

㈣虛擬變數陷阱之避免

在應用虛擬變數時，首先要避免的問題是虛擬變數陷阱。即如果將代表一個特性的全部虛擬變數都引進我們的分析中，將使標準方程式（Normal equation）之逆矩陣，因線性相依 Singular Matrix 而無法求得此一複迴歸之係數矩陣。因而為避免此一陷阱，通常所用的方法是從代表一特性變數群中，除去一個虛擬變數。

㈤虛擬變數的解釋

從一個虛擬變數群中除去一個後，其餘虛擬變數估計值所表示的並非各該虛擬變數，在控制其他自變數下，對應變數之影響程度，而是表示各該虛擬變數與分析時所省去那個虛擬變數之差異，故其解釋與一般連續性變數之解釋不同，為說明起見，假定某一位階之都市人口（P），乃取決於該都市之面積與都市位階。假設該都市之面積為X_i（連續性變數），都市位階共分六類，由六個虛擬表之：即X_1中樞管理中心，X_2為農村中心，X_3為次區域中心，X_4為地方中心，X_5為一般市鎮，X_6為區域中心。則模型為：$P = \beta_1 + \beta_2 x_2 + \beta_3 x_3 + \beta_4 x_4 + \beta_5 x_5 + \beta_6 x_6 + \beta_A x_A + \varepsilon$。

式中ε為隨機誤差項。中樞管理中心X_1為避免虛擬變數陷阱而被省略掉，經過這樣的處理後，適當的解釋為：

$$E(P_1) = \hat{\beta}_1 + \hat{\beta}_A x_A \quad 樞管理中心之人口規模$$

$$E(P_2) = \hat{\beta}_1 + \hat{\beta}_2 x_2 + \beta_A x_A \qquad 農村中心之人口規模$$
$$E(P_3) = \hat{\beta}_1 + \hat{\beta}_3 x_3 + \beta_A x_A \qquad 次區域中心之人口規模$$
$$E(P_4) = \hat{\beta}_1 + \hat{\beta}_4 x_4 + \beta_A x_A \qquad 地方中心之人口規模$$
$$E(P_5) = \hat{\beta}_1 + \hat{\beta}_5 x_5 + \beta_A x_A \qquad 一般市鎮之人口規模$$
$$E(P_6) = \hat{\beta}_1 + \hat{\beta}_6 x_6 + \beta_A x_A \qquad 區域中心之人口規模$$

虛擬變數通常也可以圖示表示，通常虛擬變數值代表迴歸線的平行移動，即虛擬變數只影響迴歸線之截距而不影響其斜率。斜率在只有一個非數量化特性（即只有一個虛擬變數群）且無連續性變數與虛擬變數之交互項（interaction）時，完全決定於連續性變數。

而由於被省略的項目 X_1 本身已夠隱晦不明，而虛擬變數估計值所代表的又是各虛擬變數與這些隱晦不明項目之差額，連帶的也使所有虛擬變數所代表之意義變得隱晦不明，其次，在不止一個虛擬變數群的情況，由於每一虛擬變數都對其同群之基本變數（即被省略掉）比較才有意義，因此整個虛擬變數系統的解釋，既困難而又支離破碎。

㈥虛擬變數之轉換

虛擬變數經轉換後，可減輕它在解釋方面所遭遇之困難，經過轉換後，新的常數項變成他變數的平均值，值得注意的是連續性變數不因轉變而改變其係數，但虛擬變數則否。此種轉換之優點在於所有連續性變數與虛擬變數均可直接與常數項（即應變數之平均值）比較。

㈦顯著性測驗

虛擬變數也可以進行顯著性測驗，通常假定顯著水準 $\alpha = 0.01$ 下，自由度為已知，進行雙尾檢定，$f_a > 30$，可查常態機率分配，

得 $|t_{\alpha/2}| = 2.58$。

故在各項迴歸係數是否與零無異之假設下，棄卻區域為：

$$|t_{\alpha/2}^*| > 2.58$$

亦可進行變異數分析。

CHAPTER 7

計量方法及其應用㈡

系統分析方法──線性規劃

㈠線性規劃之簡史

線性規劃問題最早為經濟學者所引起,諸如 Yon Newman, Leontief 氏貢獻良多。線性規劃形式之問題,最早用以解出運輸問題(Hitchcock, 1941;Koopmas, 1947)。但直至以 Marsllall K. Wood 為首之小組,為美國空軍解決分配問題(Allocation Problems)時,George B. Dantzing 於 1947 年列出一般線性規劃問題,並以單純法求得其解後,線性規劃問題始正式為各界所承認及應用。

㈡線性規劃之性質及其形式

1. 目標之確定

在線性規劃中之目標函數(Objective Function)為下列型態:

$$\text{Max (Min)}f(x) = c_1x_1 + c_2x_2 + \cdots + c_nx_n$$

其中 x 為變數,而 c 為已知之係數,稱為價值係數(Price Coefficients)。

2. 一組線性之限制條件

線性規劃之一組限制條件稱為結構限制條件(Structural Constraints),其一般式如下:

$$a_{11}x_1 + a_{12}x_2 + \cdots + a_{1n}x_n \leq b_1$$
$$a_{21}x_1 + a_{22}x_2 + \cdots + a_{2n}x_n \leq b_2$$

$$\vdots \qquad\qquad \vdots$$
$$\vdots \qquad\qquad \vdots$$
$$a_{m1}x_1 + a_{m2}x_2 + \cdots + a_{mn}x_n \leqq b_m$$

其中 $a_{11}, a_{12}, ..., a_{1n}$，$a_{m1}, ..., a_{mn}$ 稱為常係數（Constant Coefficient），
而 $b_1, b_2, ..., b_m$ 為常數（Constant）。
其通式為：

$$x_1, x_2, ..., x_n \geqq 0$$

由此可知：線性規劃之一般式為：

$$\text{Max (or Min) } f(x) = c_1x_1 + c_2x_2 + \cdots + c_nx_n$$
Subject to：
$$a_{11}x_1 + a_{12}x_2 + \cdots + a_{1n}x_n \leqq b_1$$
$$a_{21}x_1 + a_{22}x_2 + \cdots + a_{2n}x_n \leqq b_2$$
$$\vdots \qquad\qquad \vdots$$
$$\vdots \qquad\qquad \vdots$$
$$a_{m1}x_1 + a_{m2}x_2 + \cdots + a_{mn}x_n \leqq b_m$$
$$x_1, x_2, ..., x_n \geqq 0$$

(三)線性規劃之解

1. 解之性質與分類

　　線性規劃之解，可分有解、無解界解、無解三種。在一般有解
之情形下，其性質與定義可述之於下：

　　(1)適合條件解（Feasible Solution）：合於結構限制式之解均稱
為適合條件解。

(2)基向條件解（Basic Feasible Solution）：係適合條件解之一部分，在幾個未知解中，最多僅有 m（m 等於結構限制條件數）未知解為正值，其餘為零。若基向條件解中恰有 m 個未知變數為正值，則稱為未退化基向條件解（Non-degenerate Basic Feasible Solution），否則稱之為退化基向條件解（Degenerate Basic Feasible Solution）。

(3)最佳解（Optimal Solution）：在適合條件解或基向條件解中挑出一組解或多數組解（所得目標函數均相同時），能使目標函數之值為極大或極小者稱之。

2.求解之理論分析

由於線性規劃中之適合條件解必可以端點（Extreme Point）之凸性結合（Convex Combination）表之，而端點解之變數值最多只能有 m（m 等於結構限制式之數目）個正值（此稱之為基向條件解），故線性規劃問題之最佳解可由某一基向條件解開始，經過若干基向條件解後即可抵達最佳解。若非限制條件間相互矛盾、問題無解，則需另行設計。

㈣有效適應分析

由於線性規劃模式（Linear Programming）解決各種問題中，當現階段各種參數決定後，即可透過數學技巧及電腦程式，準確求出最適解（Optimal Solution）。以為決策之依據。但此種輸入問題之參數，輸出問題的般佳解決方案，僅是一種靜態的結果，僅是基於固定時間，不變環境下所產生的效率關係（Efficiency Relation）。然而為在多變的環境裡擬定具體有效的對策，以應付現實的需要，則是一種輸出結果有效適應的問題，此稱為有效關係（Effectiveness Relationships）。

一般對有效關係的探討採用敏感度分析（Sensitivity Analysis），此一分析，大致可區分如次：

1. 目標函數係數變化的適應問題。.

2. 資源限制數量變化的適應問題。

3. 限制氏係數變化的適應問題。

4. 新增變數的適應問題。

機率方法

㈠機率的定義

在 n 次試行中，發生 A 事件的次數為 r，定義 A 事件之發生機率為 P(A), P(A)＝r/n。

一般而言，機率具有以下基本性質。

(1) P(A)＝n/n＝1　事象 A 必然發現。

(2) P(A)＝0/n＝0　事象必不能出現。

(3) $0 \leq P(A) \leq 1$　機率之範圍。

(4) P(A)＋P(A)＝1　發生 A 與發生非 A 之機率和為 1。

依事件之性質可分簡單事件與複雜事件，分述如下：

簡單事件

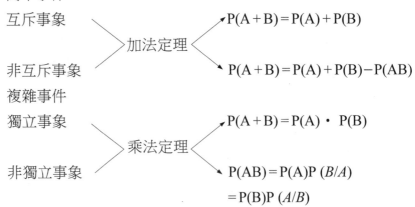

互斥事象 　　　　　　　　　　P(A＋B)＝P(A)＋P(B)

　　　　　　加法定理

非互斥事象 　　　　　　　　　P(A＋B)＝P(A)＋P(B)－P(AB)

複雜事件

獨立事象 　　　　　　　　　　P(A＋B)＝P(A)・P(B)

　　　　　　乘法定理

非獨立事象 　　　　　　　　　P(AB)＝P(A)P(*B/A*)

　　　　　　　　　　　　　　　＝P(B)P(*A/B*)

解決機率問題的步驟可表示如下：

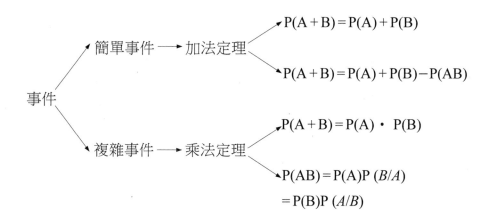

㈡**條件機率** Conditional Probability

當事件 A 發生後，再求事件 B 發生之機率，稱 $P(B/A)$ 為在 A 發生下 B 亦發生之條件機率。條件機率之性質如次：

$$P(AB) = P(A \cap B) = P(A)P(B/A)$$
$$= P(B)P(A/B)$$
$$P(AB) = P(A \cap B) = P(A)P(B) = P(B)P(A)$$

例如在一桶中抽出三球，紅色（R），白色（W）及黑色（B），其情況如下：

R→8

W→3　　　抽出三球，其均為 R 之機率

B→9

解 1　設 e1→第一次抽出紅球（R）

$$e2 \rightarrow 第二次抽出紅球（R）$$

$$e3 \rightarrow 第三次抽出紅球（R）$$

則 $P(A) = P(e1 \cap e2 \cap e3)$

$= P\{(e1 \cap e2 \cap e3) \cap e3\}$

$= P\{(e1 \cap e2) \cap e3\}$

$= P(e1)P(e2/e1)P\{e3/(e1 \cap e2)\}$

$= \dfrac{8}{20} \cdot \dfrac{7}{19} \cdot \dfrac{6}{18}$

$= 14/285$

解 2　$P(A) = C_3^8 / C_3^{20} = 14/285$

(三)獨立事件之重複試行

事件 A 發生之機率為 P，不發生之機率為 q，則於 n 次獨立試行中，發生事件 A 為 k 次之機率為：

$$P(x=k) = C_k^n p^k q^{n-k}$$

而

$$P(x \geq k) = C_k^n P^k q^{n-k} + C_{k+1}^n P^{k+1} q^{n-k-1} + \cdots + C_n^n P^n q^0$$

$$P(x \leq k) = C_k^n P^k q^{n-k} + C_{k-1}^n P^{k-1} q^{n-k+1} + \cdots + C_0^n P^0 q^n$$

例：擲一粒骰子 5 次，求發生「一點」三次及三次以下之機率。

解：$P = 1/6$　$q = 5/6$

$$P(x \leq 3) = C_3^5 \left(\frac{1}{6}\right)^3 \left(\frac{5}{6}\right)^2 + C_2^5 \left(\frac{1}{6}\right)^2 \left(\frac{5}{6}\right)^3 + C_1^5 \left(\frac{1}{6}\right) \left(\frac{5}{6}\right)^4 + \left(\frac{5}{6}\right)^5$$

$$= 0.99666$$

　　值得一提的是獨立事件之重複試行，即為母群體為有限個體時，抽出之個體不再投返之重複試行機率，此種機率分配稱為超幾乎分配（Hypergeometric Distribution）則：

$$P(x) = \frac{C_X^{N1} C_{N-X}^{N-N1}}{C_X^N}$$

當 N→∞

$$\underset{\longrightarrow}{\mathrm{Lim}} \frac{C_X^{N1} C_{n-X}^{N-N1}}{C_X^N} = C_X^n P^X q^{n-X}$$

其中 $P = \dfrac{N_1}{N}$

$q = \dfrac{N-N_1}{n}$ 此即當母群體為無限個體時，重複試行之機率。

㈣機率模型

　　機率方法主要是有二種型態，一為自變數為機率型態，一為應變數為機率型態。虛擬變數（Dummy Variable）假設某一自變數為 01 來求某一變數出現或不出現時，應變數的變化情形，至於應變數 0 或 1 的情況下，其機率模型有以下三種：

　　1. 線性機率模型（Linear Probability Model）

　　設線性模式 $Y_1 = \alpha + \beta x_1 + \varepsilon_1$

　　　　其中，$Y_i = 0$

　　　　　　或 $Y_i = 1$

　　　　　　$E(Y_i = 1) = \alpha + \beta x_1 (E(\varepsilon_1) = 0)$

　　而　　　$p(Y_i = 1) = p_i$

　　　　　　$p(Y_i = 0) = 1 - p_i$

故　　　$E(Y_1) = 1 \times p_i + 0(1-p_i)$

　　　　　$= p_i$

故　　　$p_i =$

故而：

$\quad E(\varepsilon_1) = (1-\alpha-\beta x_1)\,p_i + (-\alpha-\beta x_1)(1-p_i) = 0$

$\quad \sigma^2 = E(\varepsilon^2) = (1-\alpha-\beta x_1)^2 p_i + (-\alpha-\beta x_1)^2(1-p_i) = p_i(1-p_i)$

$\quad\quad = E(Y_1)\,[\,1-E(Y_1)\,]$

故依本法在處理應變數為虛擬變數時，其誤差項之變異數（σ^2）隨 Y_1 變動而變動，並非固定常數（Constant），故誤差項並非隨機誤差項（雖然其期望值仍為 0），而與線性模式之基本假設不合。

2. Probit Model

由於應變數為虛擬變數，故理論上，輸入資料所建立之模式，其應變數應為機率型態，但實際上 Y 極可能落於 0 與 1 之外，故 Y_i 應予以轉換或介於（0,1）之間。同時，轉換之後，x_1 增加時（自變數增加時）需反映於 Y_i 之增加，故滿足此二條件的有機率密度函數（c, d, f）：

$\quad P_i = F(\alpha+\beta x_i) = F(Z_i)$

$\quad Z = \alpha+\beta x_i$，假設服從常態分配，則：

$\quad P_i = F(Z_i) = \dfrac{1}{\sqrt{2\pi}} \int_{-\infty}^{\infty} E^{\frac{-S}{2}} dz$

$\quad Z = F^{-1}$

其中 P_i 係由觀察而得，由 P_i 透過常態分配表找 Z_i，再由 Z_i 透過 $Z_i = \alpha+\beta x_i$ 找 x_i。

3. Logist Model

設原次數分配服從 Logistic Function（而非 Normal distribution）
則：

$$P_i = F(Z_i) = \frac{1}{1 + e^{-zi}}$$

$$P_i(1 + e^{-zi}) - 1$$

$$e^{-zi} = \frac{1 - p_i}{p_l}$$

$$e^{zi} = \frac{p_i}{1 - p_i}$$

取對數：

$$Z_l = \ln\left(\frac{p_i}{1 - p_l}\right)$$

P_i由觀察而來，由 P_i找 Z_i，再由 Z_i找 x_i。

貝氏統計方法

㈠概說

　　貝氏統計（Bayesian Statistics）為英國牧師貝伊氏（Thomas Bay-
es）在公元 1763 年所提出，由於本法係以實際現象而立論異於傳統
以事物本性為基礎的推論，故常為研究社會現象之學者所使用，貝
氏統計與馬可夫鍵分析法（Markov Chain）皆以條件機率（Conditional
Probability）為理論基石，而條件機率又建立在機率論之基礎上，貝

氏統計與一般統計學皆建立在機率論上，其區別在於經驗機率與先天機率（Empirical Probability and Prior Probability），關係如圖 7-1。

貝氏統計最基本者為一般所通稱的貝氏定理（Bayes Theorem），本節即由全機率（Total Probability）與聯合機率（Jointed Probability）來引申出貝氏定理的概念。

㈡全機率

設 A_1, A_2, ..., A_n 為互斥事件，且 $A_1 + A_2 + \cdots + A_n$
（此稱為樣本空間或行動空間（Action Space，參見圖 7-2）。

取另一事件 B 而 B≦A 則定義全機率 P(B)為：

$$P(B) = P(A_1)\,P(B_1/A_1) + P(A_2)\,P(B_2/A_2) + \cdots + P(A_n)$$

$$P(B_n/A_n) = \sum_{i=1}^{n} P(A_i)\,P(B_i/A_i)$$

圖 7-1　經驗機率與先天機率

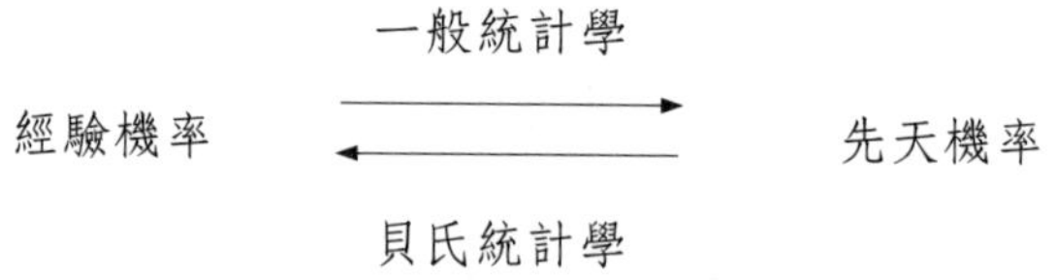

一般統計學

經驗機率 $\longrightarrow$ 先天機率
$\longleftarrow$

貝氏統計學

圖 7-2　全機率與樣本空間

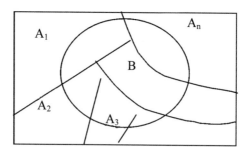

(三)聯合機率

聯合機率即為複雜事件發生之機率，倘 A、B 為獨立事件，則 A、B 同時發生之機率為：

$$P(AB) = P(A \cap B) = P(A)P(B)$$

倘 A、B 為非獨立事件則 A、B 同時發生之機率為：

$$P(AB) = P(A \cap B) = P(A)P(B/A) = P(B)P(A/B)$$

(四)貝氏定理

設 $A_1, A_2, ..., A_n$ 為互斥事件，且 $A_1 + A_2 + \cdots + A_n = A$
取一事件 B 而 B ≦ A 則其為 A_i 之機率為：

$$P(A_i/B) = \frac{P(A_i)P(B/A_i)}{P(B)} = \frac{P(A_i)P(B/A_i)}{\sum P(A_i)P(B/A_i)}$$

此即貝氏定理的一般式，其原理如圖 7-3：
設 i = 1, 2, 3　A = $A_1 + A_2 + A_3$

$$P(B) = P(A_1 \cap B) + P(A_2 \cap B) + P(A_3 \cap B)$$

圖 7-3　貝氏定理的原理

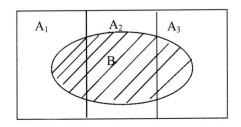

	B	$\overline{B}$	
A_1	$A_1 \cap B$	$A_1 \cap \overline{B}$	A_1
A_2	$A_2 \cap B$	$A_2 \cap \overline{B}$	A_2
A_3	$A_3 \cap B$	$A_3 \cap \overline{B}$	A_3
	B	$\overline{B}$	A

	B	$\overline{B}$	
A_1	$A_1 \cap B$	$A_1 \cap \overline{B}$	$P(A_1)$
A_2	$A_2 \cap B$	$A_2 \cap \overline{B}$	$P(A_2)$
A_3	$A_3 \cap B$	$A_3 \cap \overline{B}$	$P(A_3)$
	$P(B)$	$P(\overline{B})$	

$$P(A_1/B) = \frac{P(A_1 \cap B)}{P(B)} = \frac{P(A_1 \cap B)}{P(A_1 \cap B) + P(A_2 \cap B) + P(A_3 \cap B)}$$

可證　而 $P(A_1 \cap B) = P(A_i)P(B/A_i)$

故　$P(A_i/B) = \dfrac{P(A_i)P(B/A_i)}{\sum P(A_i)P(B/A_i)}$

　　貝氏定理中，除涉及條件機率外，尚有兩個重要概念，不為人所熟知：

　　第一是樣本空間的分割觀念，如圖 7−4；第二是邊際機率的觀念如圖 7−5。

圖 7-4　貝氏定理的樣本空間分割

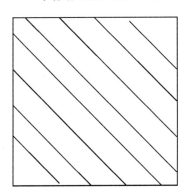

圖 7-5　貝氏定理的邊際機率觀念

$A_1 \cap B_1$	$A_2 \cap B_1$	$\cdots$	$A_i \cap B_1$	$\cdots$	$A_r \cap B_1$
$A_1 \cap B_2$	$A_2 \cap B_2$	$\cdots$	$A_i \cap B_2$	$\cdots$	$A_r \cap B_2$
$\vdots$	$\vdots$	$\vdots$	$\vdots$	$\vdots$	$\vdots$
$A_1 \cap B_j$	$A_2 \cap B_j$	$\cdots$	$A_i \cap B_j$	$\cdots$	$A_r \cap B_j$
$\vdots$	$\vdots$	$\vdots$	$\vdots$	$\vdots$	$\vdots$
$A_1 \cap B_z$	$A_2 \cap B_z$	$\cdots$	$A_i \cap B_z$	$\cdots$	$A_r \cap B_z$

$$A_i \cap B_j \longrightarrow P(A_i \cap B_j)$$

$$P(A_i) = \sum_{J=1}^{r} P(A_i \cap B_j) \longrightarrow A_i \text{之邊際機率（Marginal Probality）}$$

$$P(B_j) = \sum_{J=1}^{r} P(A_i \cap B_j) \longrightarrow B_j \text{之邊際機率（Marginal Probality）}$$

㈤貝氏決策理論

　　貝氏理論應用最廣者為決策理論，要了解貝氏決策理論之先，首先對決策理論做一簡單的回顧，本節的討論，將遵循此一架構。

⑴決策的不確定性（Uncertainty）

未來的不確定性一般有三：

外部規劃環境的不確定。

未來可供選擇方向的不確定。

價值判斷的不確定。

在統計學中，將此三種不確定性歸納為兩種：

隨機性（Randomness）。

隨意性（Arbitrariness）。

⑵決策理論的基本元素

母數空間（Parameter Space）Θ

行動空間（Action Space）A

定義於 Θ 及 A 的實數值函數 $L(\theta, \sigma)$，θ 為某種狀況

σ 為某種策略或行動

若 $L \geq 0$ 　　損失函數（lose function）

$L \leq 0$ 　　獲得函數（gain function）

決策理論由三要素（Θ, A, L）組成，其意如下：

雖然人們不知哪一種真實情況會發生，但不管何種真實情況到來，我們必須採取必要的行動加以防範，以求損失減到最小程度，同時也企圖獲得最大利益。

⑶統計決策理論

①競賽原理（Game Theory），為數學家 John von Neumann 於 1928 年所倡，包括：

機會競賽（Game of Chance），如擲骰子、輪盤等是；另一種是戰略競賽（Game of strategy），如橋牌或棋類。戰略競賽又可分為零和（zero-sum game）與非零和（non-zero-sum game）。其基本的型態如圖 7-6 所示。

圖7-6　零合與非零合競賽

	$\beta_1 = 1$	$\beta_1 = 2$
$\alpha_1 = 1$	$\alpha_{11} = 1$	$\alpha_{12} = -4$
$\alpha_2 = 2$	$\alpha_{21} = 3$	$\alpha_{22} = 4$

圖7-7　矩型競賽基本型態

A		B		
		β_1	β_2	β_3
	α_1	4	3	-2
	α_2	3	4	10
	α_3	7	6	8

②矩形競賽（Rectangular Game），又分為有限競賽與無限競賽（finite & infinite Game），又有有鞍點之矩形競賽與無鞍點的矩形競賽之分，基本的型態如圖7-7所示。

悲觀的參與者A ⟶ α_3　　max min a_{ij} ⟶ 小中取大
　　　　　　　B ⟶ β_2　　min max b_{ij} ⟶ 大中取小

樂觀的參與者A ⟶ α_2　　max max a_{ij} ⟶ 大中取大
　　　　　　　B ⟶ β_3　　min min b_{ij} ⟶ 小中取小

電腦模擬

電腦模擬（Computer Simulation）乃是利用電子計算機高速計算、運算與邏輯處理的能力，來替吾人解決各種現實課題的一種特殊技術。電腦的實體設備—輸入設備（Input Equipment），中央處

理設備（Central Processing Unit，簡稱 CPU）及輸出設備（Output Equipment），一般統稱為硬體（Hardware），其基本的環境結構如圖 7−8 所示。

指揮電腦工作的各種指令（Instruction）及其組合，一般稱之為軟體（Software），一組為特定目的而設計的相關指令，稱為程式（Program），程式的處理步驟，稱為邏輯流程（Logic Flow）。以一種特定的符號圖規製成的邏輯流程，即為程式流程圖（Program Flow-chart）。例如人口預測常用的世代生存法（Cohort Survival Model），其理論的計算步驟以程式流程圖來顯示，可以圖 7−9 表示。

圖 7−8　電腦之硬體環境結構

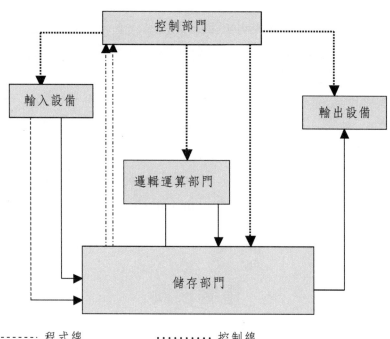

--------- 程式線　　　.......... 控制線
————— 資料線　　　:::::::::: 程式控制部門之指令線

圖 7-9 世代生存法的電腦模擬流程

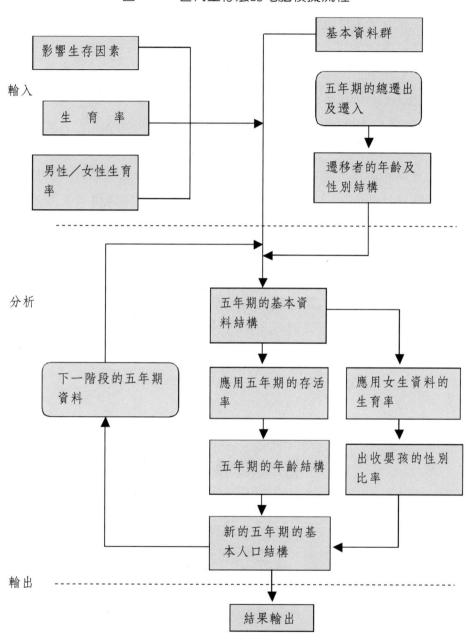

資料來源：Richard S. Baxter (1976), Computer and Statistical Techniques for planners. p.92.

電腦已是現代人每天生活不可或缺的一部分,在本書第一章曾述及計畫方法發展趨勢之一為電腦模擬與套裝程式的大量使用,許多已開發成功的電腦類集程式都可以協助規劃者從事複雜的系統模擬,例如以統計和多變量分析為主的社會科學類集程式(Statistical Package for the Social Sciences,簡稱 SPSS),由美國史丹福(Stanford)大學於 1965 年發展成功,其應用並已獲良好效果。

此外如 Minitab、UIS、MIS 等系統的開發,都大大的擴展了電腦的應用範疇,而自視窗革命以來,Office、Word、Excel 等軟體,可以輕易地製作文件格式、段落、表格、美工圖庫等精美文件,也可以應用儲存格式、工作表、圖表、資料清單、樞紐分析等,輔助資訊統計分析透過,而透過 PowerPoint 的精靈、範本、各種設定等,製作精彩生動的簡報,運用 Access 資料表、查詢、表單、報表、巨集、模組等,管理強大資料庫藉由 Outlook 收發電子郵件、整理通訊錄、安排行事曆等,管理個人資訊掌握 Publisher 精靈、美化編排、輸出成品等,完成精美的印刷作品,皆成為輕而易舉的事情。

抽樣調查方法

(一)概說

調查原本含有測量、考察、研究、刺取與情、徵集群意之意,其目的是求事務之實情。我國最早談國家資源調查的文獻,首推春秋時代的管仲,管仲是奠定齊國法治思想的開山祖,他的政治思想的重心在經濟方面,《管子》一書可說是管仲的哲學思想,其內容包羅萬象、宏博精深,舉凡哲學、政治、法律、行政管理、軍事、

財政、經濟、教育、倫理、心理、史學、文學、音樂、醫學，以至農學、水文、地理、天文等學科的理論和知識，幾乎無不涉及，《管子》書中的四分之一是論理財，任何一方面都以經濟為著眼點，因此國家資源的調查就成為非常重要的大事。

　　本書第五章曾述及政策資訊一般可分為兩種形式，一是總體的消極資訊，一是個體的積極資訊，資訊不僅是政策及計畫規劃的重要參據，也是政策及計畫執行的重要資源之一。資訊的獲得最重要的是調查，調查除了全面性的普查之外，應用最廣的可以說是抽樣調查。現代抽樣調查起源於西元 1912 年，英國雷丁市（Reading）一群市府官員想要了解當地勞工生活，特別請劍橋大學數學系包力（Arthur Bowley）教授協助，包力曾經參與 1895 年與 1901 年國際統計學會（International statistic institute）兩次有關代表性方法（representative method）的爭論，因此他首度提出用抽樣的方法來了解勞工的生活狀況。

㈡抽樣法則

　　由於統計學的興起，使得抽樣更為精確，抽樣所依據的統計法則，主要基於三項法則，第一項法則稱為統計常性法則（law of statistical regularity），意指無論何種事務，在其全部內任選一部分來觀察，平均來說，這一部分必有全部的普遍特質；第二項法則稱為大數惰性法則（law of inertia of jarge numbers），意指無論何種現象，當大量觀察時，其間偶然發生的現象，恆為相互抵銷；第三項法則為少數恆少法則（law of permanence of small numbers），意指無論何種事務，罕見現象恆為罕見少有。

　　抽樣（Sampling）是指在全體（population universe）中抽出部分樣本（samples）的過程，但由於科學定律必須建立在全體之上，而非建立在樣本之上，但由於研究者所獲取之資料又常為全體一部分

之樣本，因此生一個問題，如何由樣本推論全體，以獲得一般性的結論，這便不得不藉助統計方法。抽樣調查為使所抽取的樣本具有母群體的特徵及代表性，常因研究的目的、分析對象的性質與所處環境的不同，而有多種不同的方法。概略言之，可分為隨機抽樣與非隨機抽樣兩大類。

㈢非隨機抽樣

非隨機抽樣（non-random sampling）又稱非機率抽樣（non-probability sampling），是依據專家判斷、考慮時效、費用、目的等原則，以人為的意志，由母群體中選出具有典型特徵的樣本進行調查，其優點是可由人為意志選擇調查對象，不受抽樣設計的各種條件限制，其缺點是無法對母群體進行推定與檢定，如選擇不當，其誤差更大。非隨機抽樣為法國 Leplay 首先創用，主要用於市場調查、經濟指標編制、民意測驗等，主要又可區分為四種：

1. 配額抽樣法（quota sampling）：配額抽樣係研究者或取樣者根據某一種較重要的變數或標準（如職業類別、性別、年齡、教育程度等）來抽樣，這些標準決定後，可以將母群體劃分為幾個類別，再決定每種分類需要多少配額，再據以掏出樣本單位，例如我們想要知道農民生活水準，惟有從農民這個群體去抽樣，欲研究公教人員對公教休假規定的看法，只有從公教這個群體去抽樣，想要了解老人年金實施績效，只有從這個政策對象去抽樣，才能分析。這種配額抽樣法優點是費用少，而且可以防止訪員自行挑選受訪者，而產生選擇性偏誤，很像隨機抽樣的分層抽樣法，缺點是分類會造成偏差，以主觀意願代替隨機成分，因此不具備代表性，結果並不精確，有時候配額抽樣也可以搭配隨機抽樣。

2. 判斷抽樣法（judgment sampling）：判斷抽樣法又稱立意抽樣法（purpoeive sampling）或專家抽樣法（expert sampling），主要是

根據研究人員的經驗、專業知識、需要或方便，依其主觀認定有代表性的樣本，判斷抽取研究所需要的樣本，以節省時間、財力與人力，一般來說，這種抽樣法樣本的普遍性較不足，但選取的樣本常常具有典範的特質，很少會選出奇怪的樣本，因此如果必須選出較多樣本時，多會有偏差，致其結果究竟能有多少代表性，值得懷疑。

3.便利抽樣（convenience sampling）：又稱偶然抽樣（accidental sampling）或隨便抽樣（haphazard sampling），這種抽樣既不顧是否隨機，亦不顧是否具有代表性，只是對偶然遇見又願意接受訪問的人進行資料收集的方法，通常這種方法會集中在街口定點訪問，以便容易的找到訪問對象，所以又稱為定點抽樣（point sampling）或街角抽樣（street-corner sampling），初探性的調查研究有時也會採取此種方式。

4.滾雪球抽樣（snowall sampling）：有時研究者面對特殊的主題，可以以立意或抽樣的方式選取第一個樣本，繼而依第一位所提供的訊息尋找第二位受訪者，然後再依滾雪球的方式尋找其他的樣本單位，直到累積所需要的研究樣本為止，此即滾雪球抽樣，這種抽樣方法有如按圖索驥，適用十分稀少或罕見的研究課題。

㈣隨機抽樣

隨機抽樣（random sampling）又稱機率抽樣（probability sampling）係指在群體中，抽取若干個體為樣本，在抽取樣本的過程中，不受研究者或取樣者任何人為影響，純為隨機方式取樣，使母群體中的每一個樣本都有同等被抽出機會的方法。此所謂「隨機random」並非任意，要取哪一個就取哪一個，而是依據大數法則，任其自然出現，不加入為干涉，如此抽取的樣本將具有代表性，也可以測度，抽樣誤差也可以用客觀的方式計算，調查結果也可以根據統計理論對母群體做出有效的推論。

「想要了解某個群體的特徵或想法，普查是最好的方法，然而全面性的普查，須耗費大量的金錢、人力、時間與資源，抽樣就成為不得不的選擇，而其準確度則取決於抽樣方法」

　　隨機取樣由於採取的方法或工具不同，又可細分為：簡單隨機抽樣（simple random sampling）、系統抽樣（systematic sampling）、分層抽樣（stratified random sampling）、集體抽樣（cluster sampling）、隨機撥號法（random digit dialing, RDD）、分段抽樣法（multi-stage sampling）等多種，概述如下。

　　1.簡單隨機抽樣法：簡單隨機抽樣法是依據機率原理所做的最簡單、最基本的抽樣方法，通常先將母群體中的所有個體加以編號，每一個個體編一個號碼，然後隨機抽取若干個號碼作為研究分析對象，母群體內每一個單位都有公平被抽中的機會，採用的方法可以有抽籤法、號碼球法或亂數表法，抽籤法在抽獎時最常使用，

惟因抽籤法必須先將樣本一一編號或作成籤條，因此在樣本眾多時，並不常使用；號碼球法則是依據號碼球（可以分別設定為個十百千位，每一位欄可以使用編號 0 至 9 的號碼球，以隨機的方式抽取，也可以利用設計好的號碼球，以隨機的方式抽取；至於亂數表可以用一般統計教科書書後附錄的亂數表，亦可以利用電腦產生的亂數作為選取的依據，此法是依據亂數表所列數值代號，依次抽取樣本的方法，亂數表是依據機率原理隨機製成的表，基本上遵從兩項法則，第一從 0 到 9 其出現的機率都是一樣的；第二是每一個數字出現任何位置都不會影響其他數字出現的機會。數字排列先後主要依據隨機方式，所以又稱為隨機號碼表。利用亂數表取樣時，須先將母群體中的所有個體加以編號，再以隨機的方式取得某行某列，然後由左而右、或由上而下選出樣本，如遇有重複的號碼則廢棄不用，直到抽樣數滿額為止。例如最近流行的公益彩券樂透彩，就是使用電腦連線接受投注的樂透型機率遊戲，投注購券者須從 1 到 42 的號碼中任意選出六個不重複且可不連續的號碼以作為投注號碼。於公益彩券開獎時，開獎執行單位便會由開獎機中隨機開出六個號碼及一個特別號，凡投注購券者所選之六個號碼中，有三個以上（含三個）號碼與開出之六個號碼相同者，便為中獎，並可依法請領獎金。

　　2.系統抽樣法：系統抽樣法又稱為等距抽樣法或間隔抽樣法（interval sampling），是在母群體中抽取樣本時，有系統、有順序地平均每隔若干個體抽取一個樣本的方法。系統抽樣雖然不需要如同簡單隨機抽樣一樣，編列樣本號碼，但必須按一定的順序（例如大小）排列樣本順序，其次系統抽樣法必須先決定所從事的研究中，要抽出多大的樣本數，例如抽樣數設為「n」，構成母群體的個數為「N」，即可計算出應隔多大距離取一樣本，若間隔距離為「r」，則「r」可由下列公式計算出：$r = n \div N$；然後可以隨機方式從

1，2，3，4，5，6，7，8，9，10，抽出一個數字設為 k，則 k, k+r, k+2r, k+3r, ..., k+(n−1)r，即為所求，最常見的電話號碼簿抽樣即是採用此一方法。系統抽樣有時候會碰到無法於母群體名單中抽足需要的樣本數，採取的做法有二，第一是將名單首尾相連，是唯一一個循環；第二是採用小於間距值的起始點，就可以避免。

　　3.分層抽樣法：所謂「分層」，是指將母群體依據某些特徵或性質依「互斥」、「周延」的原則加以分類，形成母群體中若干互斥的「層 strata」，再於各個層中進行單獨的隨機抽樣，分層的目的是增加母群體特性平均分布於樣本中的機會。通常此一方法適用於母群體中個體的差異甚大，且分布不均時，為求樣本可靠性增加，可利用分層抽樣法，此法又稱分類抽樣法或分組抽樣法，係在抽取前將母群體依某些特徵或自變數加以分類，每一類樣本群必須符合互斥的原則，所有的分層，必須符合周延的原則，然後在各層中單獨隨機抽取若干樣本，合併而為全部的樣本，分層抽樣法取樣，又可分為兩種，第一種方法是在各層中抽出的樣本數與所占全部樣本數的比例，應與每一層個體數占全體的比率相同，稱為分層比率抽樣法（proportionate stratified sampling）；第二種方法是為了顧及個層級的同質性所不同，為了減少成本，也為了降低誤差，同質性較低的層可以增加抽樣數，同質性較高的層則減少抽樣數，這種方法稱為非分層比率抽樣法（disproportionate stratified sampling）。一般來說，分層抽樣法中的分層多少與樣本大小有關，分層越細，樣本越大，代表性與可靠性就越大。

　　4.集體抽樣法：集體抽樣法又稱群集抽樣法，所謂群集，是將母群體各個基本單位，按照某種標準區分、集結成幾個不同的群（clusters），再以群為抽樣單位，抽出幾個群之後，再以簡單隨機或系統抽樣方式，選取樣本單位，這樣可使抽取的樣本集中，不致分散，以節省時間與財力，也可以在選取樣本時，以群為單位，而

不以個體為單位,被抽中的群,所有成員都加以調查。集體抽樣法缺點是風險較大,但節省時間成本,因此,通常同一群的個體差異性,也就是異質性(heterogenity)要越大越好。

5.隨機撥號法(random digit dialing, RDD):現代抽樣,特別是民意調查,最常採用的是電話訪問的方式,以電話號碼簿所登錄的家戶資料為抽樣對象,以後四碼隨機、後兩碼隨機、尾隨加一等隨機方式進行抽樣的方式,即為隨機撥號法。

6.分段抽樣法(multi-stage sampling):分段抽樣法就是將前述的集體抽樣法再加以隨機化,當各集體或類聚之個體單位數較多,彼此間差異不是很大時,採用集體抽樣法可以節省時間,但並不一定可以節省經費,因為有時資料收集整體分類可能要耗費較多的經費,分段抽樣法先將群體根據某種特性分類,區分為若干組(層),然後以隨機的方式抽出組層,於組層中再依據隨機的方式抽出樣本,如分為兩層就稱為兩段抽樣法(two-stage sampling),如分為三層就稱為三段抽樣法(three-stage sampling);如超過三層則稱為多段抽樣(multi-stage sampling)。

計量方法應用：都市空間結構解釋

都市生態模型

㈠都市是文明的產物

　　都市是人類文明的產物，它不僅是一個謀生、棲息的地方；也代表著一個象徵，一個生活方式的召喚。一個文化的繼承，一個社交結構，一個政治或經濟力量所組成的系統。模型可藉著經簡化或一般化的一組實體、圖形、文字或數學語言，用以代表某一真實世界。由於系統的變遷可以反映至空間結構，因子生態模型（Factorial Ecological Model）試圖將大量的空間資訊，歸納出幾個空間解釋指標，來解釋或說明空間結構的特色。依據這些空間解釋指標，便可據以說明人類的空間選擇行為在都市空間結構上將造成何種影響。本章首對生態模型做一簡單回顧，再闡述因子生態模型的基本假設、理論基礎、檢定及評估方法，最後並以台北市的資料來做都市分析的實證研究[1]。

㈡古典的都市生態理論

　　利用模型來解釋都市空間結構的成因、演變與發展，論者頗多[2]，周顏玲教授將古典都市生態理論的發展區分為六階段[3]：*1.* 起

1　鍾起岱（1984）：因子生態模型的發展及其在都市分析的應用。台灣經濟第
　　93 期。南投：台灣省政府經濟建設動員委員會。民國 73 年 9 月。
2　Chapin F. Sturt Jr. and Kaiser, Edward J. (1979) Urban Land Use Planning. pp.
　　10-33.
3　周顏玲：人文區位學概念的發展史略。「思與言」第 10 卷第 2 期。民國 61
　　年 7 月。

源與顯現（1925 年以前），2.古典區位學派（1925～1936），3.新傳統學派（1926～1944），4.社會文化學派（1945～1968），5.區位複合學派（1951～1968），6.社會心理學派（1928～1964）。最早的理論探討是由芝加哥學派引用影響植物群落的原理及生態過程來描述人類聚落；該派學者研究重點在探討自然的競爭力量對都市的影響，視人類爭取有限的土地的經濟行為正如大自然植物群落的生存競爭，結果造成各種不同使用性質的分區，也造成不同階層人群隔離的現象。Burgess（Burgess, Ernest W., 1929）根據此理論提出同心圓說（Concentric-zone Concept）來解釋都市空間結構，認為都市土地使用在空間上的排列是由環狀地區所圍成的同心圓）。Hoyt（Hoyt, Homer, 1939）分析二次大戰期間，240 個美國都市後發現：高所得者居於高租金或高地價地區，低所得者則反是，都市土地使用的發展傾向扇形擴張，而非同心圓；Hoyt 進一步的提出扇形說（Sector Concept）認為住宅區多沿交通路線向市郊呈扇形發展，而不同所得的居民往往聚居於不同扇形之內，此兩說均假設都市成長為單核心發展，此核心即為全市主領（Dominance）所在。Harris 與 Ullman（Harris, Chauncy D. and Ullman, Edward L., 1945）則承襲 McKenzie（McKenzie, R. D., 1933）之研究，認為都市成長為多核心發展，此核心的數目及區位因都市而異，惟與都市規模發展歷史有關，此說稱為多核心說（Multiple-Nuclei Concept）。

㈢社會地域分析（Social Area Analysis）

由於古典都市生態強調人性的生物面而忽視社會面。事實上，空間競爭不足以解釋複雜的社會現象，因此社會學家 E. Shevky; W. Bell 及 M. Winiams 等人將社會變遷連同地區差異一起考慮稱為社會地域分析。此一學派源自社會差異說；認為都市為社會的一部或全部，社會在時間上的變遷可反映至都市空間結構。社會地域分析以

三項指標——社會階層、都市化、隔離化——來說明都市變遷；亦即當都市愈現代化，規模愈大，各指標愈趨於獨立和明確。例如我們可以這個方法來分析台灣從 1945～1960 年間的社會狀況，抗戰勝利後國民政府經接收了日人的大部分生產設施與社會基礎設施，直接掌握工業生產的工具。1949～1953 年間完成三七五減租、公地放領與耕者有其田等農村土地改革之後，台灣農村地主的社會領導權，逐漸移轉至佃農或稱自耕農手中，國家權力也藉此深入台灣廣大的農村地區，台灣的農村社會以「稻作為中心的糧食生產」及「以外匯獲取為主的砂糖生產」為重點；工業生產上則採取進口替代策略以紡織、食品、水泥、肥料為主導部門，對國內弱小的民間工業部門，如水泥、玻璃、塑膠原料、塑膠製品、人造纖維、合板、橡膠製品、腳踏車、縫紉機、家用電器、化學及製藥等產業也加以刻意保護。這個內向取代發展時期，農業一方面因勞力、技術的投入而增加生產力與生產量，然而另一方面又透過各種政策（如肥料換穀、隨賦徵購、田賦徵實、低糧價政策），將大量的資金與剩餘擠出農村 [4]。社會地域分析藉少量之變數來說明住宅的空間分配型態是其最大的功用，且便於都市間的比較，故為一般都市地理學者所愛用。

㈣因子分析（Factor Analysis）

因子分析也稱因素分析，本質上係由社會地域分析轉化而來，其優點是引用之變數並不侷限於固定指標，可包含人口特性、住宅特性及環境品質、遷移等資料。近來由於電腦模擬技術的引入，更增加因子模型的可用性。簡言之，因子分析乃是為了試圖找出潛在變數、或說是因子，以解釋一群已觀察的變數之間的關聯樣式，常

4　http://gis4.cpami.gov.tw/cpis/cprpts/changhwa/analysis/.

用於資料縮減，找出少數因子，以解釋極為眾多的明顯變數中，大部分觀察到的變數；因子分析也可以用來產生關於因果性機械作用的假設，或審查後續分析所使用的變數，正如在執行線性迴歸分析之前，我們必須確認共線性[5]。在都市空間分析中，因子分析使用量化技術（Quantitative Technique）來模擬複雜的都市現象，尋求指標來說明都市空間結構的特色。

因子生態模型的理論基礎

(一)基本假設

理論或模型均嘗試以嚴謹的邏輯架構或數學語言來表明所關切的要素，及要素間的關係。因子生態模型自不例外。由於都市空間現象反映至實數空間可視為具有隨機性的常態分配（Normal Distribution），因子生態模型假設這些都市空間現象投射至實數空間後可經由一致性的轉換，歸納成幾個比較顯著的集合體，其邏輯之推演如下：

對，$\forall \{X_{i1}, X_{i2}, ..., X_{in} |, i = 1, 2, ..., m\} \subset R$，存在唯一：
$\{P_1, P_2, ..., P_K\} \subset R'$ 滿足
$R \rightarrow R'$

而對任一 $X_{in} = \Sigma \alpha_k P_k$……(1)
其中：X_{in} 表在 i 區所觀察到之都市狀態如人數；商業使用面

5 http://ceiba.cc.ntu.edu.tw/302_27800/board/messages/28.html.

積；公園面積……等。

R, R'均代表樣本空間；R~R'表由R到R'之線型變換；α_k為參數。

由以上之假說可知；因子生態模型認為對於都市狀態之說明可以經線性變換（Linear Transformation）來尋求新指標加以說明。

(二)基本原理

尋求空間解擇指標，就數學意義來說，即是尋求集合體（Field）的一個線性獨立之基底（Bases）及其關係值。倘若欲以多種變量來說明樣本特性，首須找尋這些變量全體的共通基本因子。定義函數T為有限維空間上關於自身的一個線性變換函數：

$$T：V \to V \quad 其中 V 為布於體的集合……(2)$$

以T函數來解釋空間生態的分布狀況，首先須了解T函數的內在性質（Intrinsic Property），而T函數為一線性變換函數，故可將上式(2)化為(3)式獨立分量與純量之問題：

$$T(U_k) = \lambda_k U_k \quad k = 1, 2, ..., n……(3)$$

（$U_1, U_2, ..., U_n$）為集合V之獨立元素集合，$\lambda_1, \lambda_2, ..., \lambda_k$為與之對立的純量集合。

滿足(3)式的分量U_i稱為固有向量（Eigen Vector），純量λ_i稱為固有值（Eigen Value）。固有向量即代表具某種特性之因子，固有值即表示變數本身與因子之關係值。由於每一變數都可以固有向量（因子）之線性組合（Linear Combination）表示，這些固有向量與各變數之相關係數即表示以此因子來解釋該變數的變異程度，此即因子負荷量（Loading Factor）。為便於因子的充分解釋與說明，須

使因子儘量包括有關之變數而排除無關之變數，則須運用基準軸（Reference Axis）之回轉（Rotation）來達成。最後各分區之因子得點（Factor Score）亦需計算出；由於因子得點可以反映各規劃分區對因子指標之關係強度，它是以因子軸為中心所形成的N度空間座標值，故其得點數愈高顯示分區對空間解擇指標的相對性愈強，故可作為劃分規劃分區特性之參考。

(三)因子模型的基本架構

以 P 個變數：

$$X_1, X_2, ..., X_p$$

來說明都市次地區（Sub-Area）的特性，通常這些變數間有某種程度的相關（Correlation）。因子生態模型假定這些變數有共通之基本因子存在，且各變數可以用這些共通因子之線性結合表示。設有 m 個共通因子：

$$f_1, f_2, ..., f_m \ (P>n)$$

此時，P 個變數可表示如下：

$$X_1 = \mu_1 + \lambda_{11}f_1 + \lambda_{12}f_2 + \cdots + \lambda_{1m}f_m + e_1$$
$$X_2 = \mu_2 + \lambda_{21}f_1 + \lambda_{22}f_2 + \cdots + \lambda_{2m}f_m + e_2$$
$$\vdots$$
$$X_p = \mu_p + \lambda_{p1}f_1 + \lambda_{p2}f_2 + \cdots + \lambda_{pm}f_m + e_p \cdots\cdots(4)$$

其中；μ_1 為 x_{11} 之期望值，x_{1j} 為未知之因子負荷量，設

$$x' = (X_1, X_2, ..., X_p)$$
$$u' = (\mu_1, \mu_2, ..., \mu_p) = E(x')$$
$$f' = (f_1, f_2, ..., f_m) \quad (m < p)$$

而 f' 之係數矩陣（因子負荷量矩陣）為：

$$\wedge = \begin{bmatrix} \lambda_{11}, \lambda_{12}, ..., \lambda_{1M} \\ \lambda_{21}, \lambda_{22}, ..., \lambda_{2M} \\ \vdots \ , \ \vdots \ , ..., P \\ \lambda_{P1}, \lambda_{P2}, ..., \lambda_{PM} \end{bmatrix}$$

$$\wedge = (\lambda_1, \lambda_2, ..., \lambda_M)$$

則(4)式可表示如下：

$$x = \mu + \wedge f + e \cdots \cdots (5)$$

因子生態模型的功能

　　因子生態模型其歸納大量變數的能力，允許研究者能見微知著，特別適用於都市研究中的解釋與描述，其主要功能如下：

(一)駁繁於簡

　　因子模型可把有關聯的變數聚合在一起，重新組合成新指標來容納原來的變數，其法是以因子負荷量予以整理歸類。

　　圖 8-1　因子分析基本分析

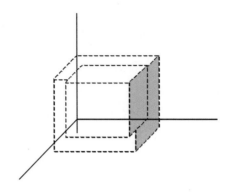

㈡驗證假設

因子被發現或認定之後，就可以把這些因子的屬性拿來作為設立或驗證假設的基礎。

㈢組合樣本

由各分區（樣本）之因子得點找出分區之特色，加以歸納組合，如圖 8-1。

因子模型的各項檢定

㈠基本檢定

在應用模型計算各分區共通因子之前，可由相關係數矩陣了解變數間的大致相關程度，並進一步分析出變數間與各因子的關係值——因子負荷量。經直交轉軸或斜交轉軸使因子間互相獨立，由於每一變數之變異數最大為 1。而因子係以解釋原變數者，故其固

有值（即因子之變異數）便不能小於 1，否則解釋力便不如原變數，所以取固有值大於 1 之因子，捨棄固有值小於 1 之因子，最後需經陡階檢驗（Scree Test, R. B. Cattell, 1966[6]）刪除解釋力不顯著之因子，最後，以累積寄與率（Commulative Percentage of Eigen Value）來表示這些經選取的因子對整個空間現象的總合解釋能力。

㈡因子負荷量之檢定

因子負荷量之檢定類似統計學上之變異數檢定，假設因子負荷量服從標準常態分配，並以下式估計其標準差：

$$S_a = \frac{1}{2}\sqrt{(3/r - 2 - 5r + 4r^2)/n}$$

其中：S_a：估計標準差

r：因子負荷量所計算之相關係數之平均數

n：樣本數

最後檢定其顯著假設。

㈢因子模型信度之衡量（Reliability）

信度之衡量，目的在求因子之可靠性與正確性，其步驟如下：

1. 折半信度（Split-Half Reliability）

首先依奇偶數法則將與因子有關之變數分為兩半，例如，假設 F 因子內含有 X_1，X_2，X_3，X_4 等變數，可將之分為兩半：

6　R. Bcattell (1966): The Scree Test for the Number of Factors Multivioriate Behaviorial Rescarch 1, p.245.

$$F_A = X_1 + X_3 \text{（奇數變數）}$$
$$F_B = X_2 + X_4 \text{（偶數變數）}$$

而 $F = F_A + F_B$，求二部分（F_A, F_B）之相關係數。

2. 求修正相關係數（或稱為信度）

依 Spearman.-Brown 公式[7]：

$$R = nr / (1 + (n-1)r)$$

r 表示由前步驟所求之 F_A，F_B 之相關係數（原信度）。

n 表變數之分類與原變數之比，如上述 X_1，X_2，X_3，X_4 四變數依奇偶數法則分為 F_A，F_B 兩類，則 n＝2。

R 表修正後之相關係數，即修正之信度。

3. 求統計量 t

由於本法將與因子有關之變數分為兩部分以計算此二部分之相關係數，而計算相關係數時，其兩個平均數為已知，故失去兩個自由度（Degree of Freedom）。其 t 統計量如下式：

$$t_0 = \sqrt{n-2} \, \frac{R_{AB}}{\sqrt{1 - R_{AB}^2}}$$

其中：n 為變數數目

R_{AB} 為修正後之相關係數

---

7 茆美惠：影響台灣審計人員抽樣法因素之研究。政大企管研究所碩士論文。民國 67 年 6 月。

4.顯著性檢定

虛無假設為 $H_0 : t_0 = 0$

故其顯著與否需視：

當 $|t_0| > t_\alpha$ 時，需放棄虛無假設，即因子其有顯著性。

當 $|t_0| \leq t_\alpha$ 時，需承認虛無假設，即因子不具有顯著性，應予捨棄。

因子模型的評價

因子模型中，N 個變數的觀察值可以 N 個向量表之，每個向量為 N 維空間上的一點。以圖形表之；這些點的軌跡呈 N 維橢圓體。因子模型所抽取之因子，即以此橢圓體主軸所代表抽取之因子。Harman（Harman, Harry H.[8]）曾提出十項標準評估因子模型，其中四項標準是以幾何圓形來說明模型的適切性。由於因子模型不一定藉助幾何圖形說明不可，故此摘述其他六項評估準則：

(一)線性原則（Principle of Linear）

因子模型為了計算方便，假設變數與因子間為一種線性組合，故可視其是否為線性模型而予以評估。

(二)精簡原則（Principle of Parsimony）

因子模型若能以較少的因素即可將原來之樣本空間特性表現出來，即為優良之模型。

---

8 參見 Harman, Harry H. (1967): Modern Factor Analysis Of Chicago.

㈢因子貢獻（Contribution of Factor）

因子模型所抽取之因子如對總變異之解釋呈遞減或同等的貢獻即為優良的模型。

㈣變數分類（Grouping of Variable）

優良的因子模型可以使變數的歸屬在同組（同一因子）內具有高度的相關；而在不同組間（不同的因子間）具有顯著的獨立性。

㈤參考架構（Frame of Reference）

在直交與斜交的參考架構中必須擇一，一般以直交法所解得之因子較佳。

㈥簡單結構原則（Simple Structure Principle）

因子模型若以不同方法處理同一資料，其因子解即有差異，所具之意義可能完全不同。因此；尋求最具解釋力之方法，必須使因子負荷量作特殊的處理（即轉軸），使因子負荷量之分布；儘量與特別的變數（往往是少數的變數）有較大之相關，而與其他之變數儘量使其相關減至最小（即使之趨於 0）。

因子生態模型在都市分析中的應用

因子生態模型的特點是以少數指標即能顯示所有變數可表示的現象，並可由因子得點來反映出各規劃分區對各指標的關係強度。本節的實證研究是以台北市為例，來說明因子生態模型在都市分析中的應用。

㈠研究分區與資料蒐集

本節以淡江大學都市設計及環境規劃研究室在民國 67 年「台北市綜合發展計畫研究報告」中所劃分的 94 個環境單元為基礎來作為研究分區，見圖 8-4。研究分區編號見表 8-1。各項資料之名稱及其原始來源見表 8-2。

表 8-1　研究分區編號

行政區	研究分區編號	行政區	研究分區編號
大同區	001～006	大安區	050～059
延平區	070～079	松山區	060～077
建成區	010～011	景美區	007～079
城中區	012～020	木柵區	080～081
龍山區	021～023	南港區	082～084
雙園區	024～028	內湖區	085～086
古亭區	029～036	士林區	087～091
中山區	037～049	北投區	092～094

表 8-2　各項資料及其原始來源

變數名稱	代號	資料來源	變數名稱	代號	資料來源
住宅用地百分比。	1	台北市通盤檢討細部計畫。土地與建築物使用現況調查。淡江都研室 67.68.69.年。	公告地價平均值。	14	台北市公告土地現值平議表。66年。
商業用地百分比。	2				
工業用地百分比。	3		行經之公車路線數。	15	台北地區大眾運輸系統規劃住戶交通調查運委會。64年。
農業用地百分比。	4		木造房屋百分比。	16	

空地百分比。5		磚造房屋百分比。17	
平均每月收入。6	台北地區大眾運輸系統規劃住戶交通調查運委會。64年地圖上時地測量。	鋼筋混凝土百分比。18	
使用小汽車持有率。7		加強磚造房屋百分比。19	台北市通盤檢討細部計畫。土地與建築物使用現況調查。淡江都研室67.68.69.年。
至西門鬧區距離。8		每人平均每月使用住宅樓地板面積。20	
至頂好市場距離。9		每人平均使用公園面積。21	
至最近公園距離。10		每人平均使用公共設施地面積。22	
至最近市場距離。11			
至最近國小距離。12			
面臨道路尖峰交通量。13	台北市交通流量及特性調查。台北市政府工務局新工處。67年。	每人平均使用商業用地面積。23	

㈡基本分析

本節共輸入 23 個變數，有 94 個分區數，計算因子負荷量，並取固有值大於 1 的因子，經陡階檢驗，最後選擇四個因子作為空間解釋指標來解釋台北市的都市空間結構。

各因子之重要性以固有值來表示，以第一因子最高達 8.54934，而累積寄與率表示這些因子對整個現象之解釋力的總合為多少，本

節中，此四個因子之總合解釋力為 0.6132。其次；計算平均相關係數 r＝0.157，依因子負荷量估計標準差之計算公式：

$$S_a = \frac{1}{2}\sqrt{(3/r - 2 - 5r + 4r^2)/n}$$

可得因子負荷量估計標準差 S_a＝0.20899。由於因子負荷量之分配係服從標準常態分配 N（0,1），故在顯著水準 α＝0.01 時，因子負荷量之絕對值必須大於或等於 2.58S_a 才顯著（即棄卻與零無異之假設），故在表 8-3 中，顯示絕對值大於或等於 0.53919（≒2.58 S_a）之因子負荷值。此外，依前述因子信度之衡量步驟及結果歸納如表 8-4。

表 8-3　因子負荷量矩陣（核定後）

因子別	一	二	三	四
累積固有值	8.54934	4.3254	4.1014	2.64824
固有值	0.18999	0.28611	0.37725	0.61320
X_1		0.66555		
X_2				0.58442
X_3		（不顯著）-		
X_4	0.82783			
X_5				（不顯著）-
X_6			（不顯著）-	
X_7				（不顯著）-
X_8	0.80921			
X_9	0.67577			

X_{10}	0.67641			
X_{11}	0.59086			
X_{12}	0.59772			
X_{13}				0.59912
X_{14}				0.77642
X_{15}				0.66975
X_{16}			-0.6915	
X_{17}			-0.6990	
X_{18}			0.54091	
X_{19}			0.9122	
X_{20}		0.81876		
X_{21}		（不顯著）-		
X_{22}		0.59010		
X_{23}				0.65800

表8-4 因子信度之衡量

FAC-TORS	步驟一 折半信度奇偶數法	步驟二 二者之相 關係數 r_{AB}	步驟三 $R = nr/$ $(1+(n-1)r)$	步驟四 $t_o = \sqrt{n-2}$ $\dfrac{R_{AB}}{\sqrt{1-R_{AB}^2}}$	步驟五 顯著水準 t （Q0492）	步驟六 因子顯 著性
一	$F_{1-A} = X_4 + X_9 + X_{11}$ $F_{1-A} = X_4 + X_9 + X_{11}$	$r = 0.804$	$R = 0.891$	$t_o = 14.824$	$t_{\alpha=0.01} = 2.33$	顯著
二	$F_{2-A} = X_1$ $F_{2-B} = X_{20}$	$r = 0.712$	$R = 0.832$	$t_o = 14.384$	$t_{\alpha=0.01} = 2.33$	顯著
三	$F_{3-A} = X_{16} + X_{18}$ $F_{3-B} = X_{17} + X_{19}$	$r = 0.756$	$R = 0.861$	$t_o = 16.237$	$t_{\alpha=0.01} = 2.33$	顯著
四	$F_{4-A} = X_2 + X_{14} + X_{23}$ $F_{4-B} = X_{13} + X_{15}$	$r = 0.612$	$R = 0.759$	$t_o = 11.181$	$t_{\alpha=0.01} = 2.33$	顯著

(三)空間解釋指標的命名

由於因子所顯示者為一抽象概念，不一定有具體的對應用語，但一般可由變數的組合之涵義來命名。前述共使用 23 個變數（其中有 18 個顯著性變數，5 個不顯著之變數），組合成四個空間解釋指標來解釋台北市的都市空間結構。此四個空間解釋指標是由所組合的主要變數來界定，分述如下：

1.因子一：日常活動的近便性

第一項空間解釋指標是由 6 個變數組成，其中有 5 個變數（至西門鬧區作距離、至最近公園距離、至最近市場距離、至頂好市場距離、至最近國小距離）均與日常活動所需的設施距離有關，故此一指標命名為日常活動的近便性。此指標對農業用地有負的影響。

2.因子二：環境可居住

本指標包含 3 個變數（住宅用地面積，每人使用住宅樓地板面積、平均每人使用公共設施面積），此一空間解釋指標顯示，住宅用地面積愈大的地區，每人占用住宅樓地板亦愈大，同時每人占用的公共設施面積亦較大，故第二因子稱為環境可居性。

3.因子三：住宅結構的優良性

本指標包括 5 個變數（每月平均收入，木造建築百分比、磚造建築百分比、鋼筋混凝土造百分比、加強磚造百分比），本指標對平均每月收入及鋼筋混凝土造建築有正的關係，對另外三種住宅結構則有負的關係，但因平均每月收入對此項指標之影響並不顯著，可知所得的高低對建築物的優劣並非很明顯，但所得高者，傾向於較佳結構狀況之住宅，故本項指標稱為住宅結構的優良性。

4.因子四：可及性

本項空間解釋指標包括 7 個變數，均與可及性有關，故命名為可及性。大抵言之，行經之公車路線愈多，小汽車持有率愈多（但

不顯著），則其交通量愈大，交通量大的地區往往與商業使用有關，而劃定商業用地之土地，其地價亦較高。

㈣研究分區的特性分析

由因子生態模型所得之因子得點，其意義為顯示各分區對該項空間解釋指標的一種相對關係，而以具體數字來表示。因子得點數愈高顯示該分區對該項的空間解釋指標的相對特性愈強。根據這些因子得點可將各研究分區之特性以空間解釋指標來顯示。圖7-5～7-8表示在某一空間解釋指標之下的空同結構特性，每一種空間解釋指標均可以因子得點區分為三個等級：

1.因子得點大於 1，顯示該研究分區對空間解釋指標共有強烈的正向反應。

2.因子得點介於 1 與−1 之間，顯示該研究分區對空間解釋指標的反映適中。

3.因子得點小於−1，顯示該地區對空間解釋指標具有強烈的負向反應。

都市生態的研究基本上是承襲屠能（Von Thunen J. H. [9]）分析法來解釋都市土地使用型態，由於因子分析的應用更擴充生態理論的領域，無論是都市規劃師、地理學家、都市社會學家或其他的空間研究者均常用因子生態模型來從事都市分析。

---

9 屠能（Johann Heinrich Von Thunen, 1783-1850）為19世紀初之農業經濟學家，他於 1826 年出版名著《孤立國》（*Der isolierte State*）一書，以屠能圈來解釋土地因區位不同其經濟地位亦異，結果產生環狀的土地使用型態及由市中心向郊區漸降的差額地租曲線，此種分析法為爾後土地使用論者，或地租論者常使用的研究法。

CHAPTER 9

政策規劃方法

政策規劃基本概念

(一)政策計畫的重要性

　　計畫在本質上是對未來風險和不確定環境的挑戰。自西元 1954 年，杜勒客（Peter F. Drucker）提倡目標管理（Goal Management）以來，一個健全的計畫往往包括目標設定、政策確立、方針決定及方案汰選等一系列的過程。一般而言；計畫需由高階層開始策訂，根據高層計畫再逐次發展次一級計畫，如此一貫發展，才能形成體系。若高層無計畫而只令次級訂計畫，或將次級之計畫拼湊起來，即算高階層計畫，不僅下級計畫缺乏依據，各階層之計畫性質亦必含糊不清[1]。

　　高層次的計畫傳統上是以指導原則、目標、大政方針……等形式出現。政策計畫在本質上是制定目標的計畫，傳統對目標的設立可以基於不同的考慮，它可以由高階層不經任例程序而建立；亦可以經由全盤的分析推論而來；亦可由已確定的策略導出，所以目標往往是不明確的聲明，在引導低層計畫的功用往往不能發揮應有的價值。

　　政策計畫基本上是經由規範性規劃建立合理目標的一種活動目標可說是策訂計畫所欲達成的理想，它是一切政策、策略、計畫、方案、措施、預算的依歸。目標適當與否，實關係重大。本章即針對政策計畫的策定方法加以討論。

1　見邢祖援：計畫理論與實務。第 539 頁。民國 69 年 8 月。鍾起岱：「策定政策計畫的方法」。研考月刊第 84 期。行政院研考會：73 年 2 月。

「好的政策規劃，如同在汪洋大海中，找到航行的目標，途中也許有風浪，但只要有足夠的信心與勇氣，終究會達成目標」

(二)計畫與政策的意義

在闡述政策計畫之前，首先對政策與計畫這二個名詞加以說明。計畫是指為達成目標，對未來行動所做的一系列決定，計畫的定義往往因著重點之差異而有不同。基本上；計畫是一個團體，為達成其共同目標，先期運用集體智慧，以邏輯思維程序，蒐集有關

2　規範性規劃（Normative Planning）是相對於技術規劃（Technique Planning）而言，規範性規劃特別強調建立行動的一般原則，而技術性規劃則強調特別的目標以及達成目標所使用的方法。可參考李瑞麟：政策計畫的研究。土地改革月刊。民國 68 年 12 月。

資料，選擇最佳可行方案，釐訂工作方法，劃分進行步驟，分配各級責任，律定協調關係，有效運用各種資源的一種準備過程[3]。政策是一較具永久性的聲明，它是由現況推進到未來目標的行動路線。依恰賓氏（F. S. Chapin Jr[4]）的解釋，政策至少有四種涵義：

　　1.是規劃和方案設計所定的行動目標和原則——它是先於計畫而擬定的。

　　2.作為計畫的一部分——當計畫完成正式核定公布後，計畫所包含的建議就是政策。

　　3.是行動方向的聲明——用來完成計畫中所含的目標和建議。

　　4.默認或明白宣稱的立場——建議案在核定和實施之前不能稱為政策。

　　所以政策可說是行動方向的聲明，其目的是引導決策或計畫朝向既定目標。

(三)政策計畫的涵義

　　政策計畫是擬定未來行動路線的廣泛架構，它試圖透過一系列的聲明來界定未來發展的方向和性質。在本質上；政策計畫並不涉及特定的建議或特定的問題，也不涉及個人的利害或壓力團體的企圖。同時；政策計畫亦不涉及特定的行動或特定的區位。它僅是一般性的聲明，可以不同的形式存在不同的地方。可以說；政策計畫嘗試將散見於部門的政策、通則或指導原則予以彙整，解決、調合其相互間的矛盾，以保證個別決策或計畫將遵循同一架構予以運作。簡言之；政策計畫就是一個建立目標的過程，它同時必須包含

3　見邢祖援：計畫原理。載於行政計畫設計論文集。第 31 頁。

4　參見 F. Stwart Chapin Jr and Edward L. Kaiser (1979): Urban Land use Planning. pp.327, 360.

達成目標的策略或指導原則。

㈣政策計畫的功用

政策計畫的功用主要有五：

1. 擴充人民參與國事的機會，有助於增進團結，建立共識。

2. 政策計畫提供一個良好的溝通途徑，有助於不同領域的科際整合，可以達成協調的目的。

3. 政策計畫可以作為地方政府擬定中（長）程計畫或其他建設計畫的主要依據之一；並可據以評估行政部門有關的計畫和預算。

4. 政策計畫提供一個有彈性的發展遠景，對未來不可預知的變化提供一穩定的參考架構。

5. 政策計畫排除複雜難懂的圖表和說明，使期望目標之聲明特別具有行動化的潛力。

㈤政策計畫策定的途徑

「目標」就像在黑暗中佇立的燈塔，指引著茫茫大海中的船隻進行的方向，沒有了燈塔，船隻不知道該航向何方、又該停在何處；同樣的道理，計畫沒有了目標，就等於沒有了方向，可見，設立目標的重要性。恰賓氏曾為計畫準備階段過渡到計畫分析階段，提出一項政策目標研擬的架構，恰賓氏稱為「方向設定（Direction-Setting）」其架構見圖 9-1。主要是以下一系列的工作：

1. 準備研究中已確認的問題和需要。

2. 為了問題與需要的獲得解決和發展的指導而界定目標和標的。

3. 研擬最合宜的發展政策（Scenarios）及其假設（Asstumptions）。

圖9-1　方向設定之基本架構

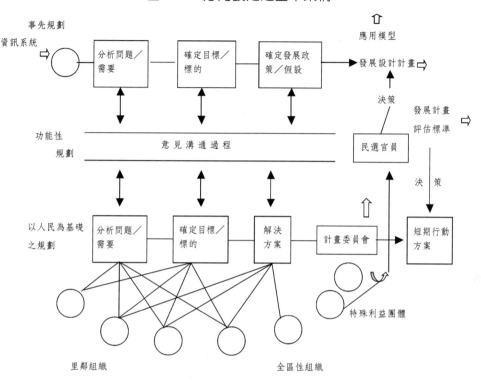

資料來源：F. Stwart Chapin Jr and Edward J. Kaiser (1979): Urban land use planning p.331.

以後的討論將遵循此一架構，對策定政策計畫的方法加以討論。

問題與需要的分析

　　問題與需要的分析（Analyzing Problems/ Needs）是策定政策計畫的第一步驟，本質上是分析事先規劃（Advance Planning）中已確認的問題和需要。本階段的重點在於界定課題範圍、確認問題和需要、背景、條件，並列舉個別問題和需要的各種情況及原因。所謂

「問題」是指現存的不足或缺陷，而有改善的必要；所謂「需要」是指未來發展的需求（設施或服務），而有籌謀解決的必要。傳統上；對問題和需要甚少加以系統的處理，而僅是資科的摘要或現況的陳述而已。為了要對問題與需要做更系統化的處理，可以做幾方面的研究：

1.機關的主要職掌與基本任務。

2.上位政策的需要，包括機關首長的意志、觀念及法令的要求。

3.發展背景及現況的分析。

4.未來需求的預測及可能的限制和機會。

5.民意的探求，議員的反應。

問題與需求的分析，最後則加以清列如表9–1的格式。

表9–1　問題與需求分析清單

問　題	都市城中區交通擁擠與混亂，影響活動進行，環境品質，公共安全與土地經濟利用很大。
情況一	街廓短小，路狹屋密，各種交通工具混駛。
原　因	㈠社會經濟結構變遷，各種車輛（大小客車、貨車、摩托車、腳踏車、拼裝車、手拉車、三輪車、貨櫃車等）並存。 ㈡日據時期所做的都市計畫，街廓特小，交叉口多，且幹道太窄，不合汽車時代的要求，車行不易。 ㈢無細部計畫，建築預留巷道太狹小。 ㈣無嚴謹的密度管制，市中心區發展密度過高，活動頻繁，而侵用道路。
情況二	道路功能不清，無完整的網路系統。
原　因	㈠無完整的綜合發展計畫，道路皆係各時期發展累積而來，功能不分。 ㈡道路寬度設計，千篇一律，與各種都市活動的量及區位不能配合。 ㈢過境道路未開闢，過境車輛影響市區交通。 ㈣缺乏單行道行車系統設計。

確定目標與標的

　　為了解決問題與需要，為了引導未來的發展，必須進一步的界定目標和標的（Identifying Goals/ Objectives）。所謂目標是指欲實現的目的，而標的是由目標轉化成可衡量、可操作的分目標。界定目標與標的目的是要以特別的形式來陳述問題和需要，所以以下幾點原則往往必須慮及：

　　1. 目標與標的必須關聯於問題與需要。

　　2. 目標的決定必須基於價值系統、符合公共利益。

　　3. 目標與標的需具體系的層級關係，同時須注意目標間的平衡。

　　4. 須注意目標間的調和，使矛盾與衝突減至最低。

　　5. 須具有彈性。

　　6. 目標與標的需允許政府官員與人民的公開討論。

　　本階段提出目標之後，須將前一階段所提出之情況及原因予以重組清列，同時發展出更具工具性的標的，其格式可以如表 9-2 的形式。

表 9-2　目標與標的清單

目標四	建立便捷有效的運輸系統，便利人與貨物的流通。便捷有效的運輸系統能提供各種服務，便利活動的進行與聯繫，減少不必要的交通旅次，增加可達性並促進土地的經濟利用，其方法可透過現有運輸設施的改善與引進新系統。
情況	路狹星密，街廓短小，各型交通工具混駛，無完整的路網，交通擁擠混亂，偏遠地區無公共汽車供給，道路被占用，影響活動進行。
原因	1.社會經濟結構變遷，各種車輛（大小客車、貨車、摩托車、腳踏車、拼裝車、手拉車、三輪車、貨櫃車等）並存。 2.無完整的細部計畫，街廓特小，交叉口多，道路功能不分，車行不易。 3.主要幹線道路設計路寬不足。
標的	1.規劃完整的路網系統。 2.改善市區現有路網，提高易行性。 3.配合相關管制措施，發揮整體運輸功能。

確定發展政策與假設

　　本階段主要是研訂一套最合乎目標和標的的發展政策、辨明方案依據的假設（Defining Scenarios/Assumptions），並確認方案的優先順序，從而發展出一套評估準則。基本上；評估並非一次性的工作，而必須在規劃的各階段予以反覆進行，而計畫的目的是為了達成未來的目標，故評估準則必須由目標和標的發展出來。本階段的研究可能獲得如表 9-3 所列的格式。

表 9-3　發展政策清單

目標四	建立便捷有效的運輸系統，便利人與貨物的流通。
標　　的	1.規劃完整的路網系統。 2.改善市區現有路網，提高易行性。 3.配合相關管制措施，發揮整體運輸功能。
政　　策	1.檢討改善現有市區路網結構。 2.依據各區發展潛力及使用性質，劃分道路功能及層級。 3.建立快速穿越性外繞道路。 4.山區產業道路與鄉村耕作小徑的改善與闢建。 5.市區內道路號誌系統的建立與改善。
計畫實施前評估準則	1.有足夠的道路規劃面積。 2.各聚落與市中心的行車時間最短。 3.各分區與分區中心的行車時間最短。 4.大類運輸路線的服務人口最多。
計畫實施後評估準則	1.各型車輛在路口的阻礙時間最少。 2.路網已明顯分出層級。 3.市區內穿越性交通量減至最小。 4.農具、車輛已可通達偏遠的田地，山區操作。 5.市區號誌系統已發揮正常功能。

溝通過程

　　鼓勵民眾參與政策計畫，不僅可以使政策計畫適合時代的要求；而且可以使民眾關心政府部門的建設活動，從而支持協助推動計畫。人民參與政策計畫的方式可以有許多種方式，如民意調查、公開討論、聽證會、戴爾法過程（Delphi Process[5]）等等。圖 9-1 顯示意見的溝通過程（Exchange Process）可以發生在計畫推展的任何時點，特別是在計畫初擬、目標和標的的討論、政策汰選或優先順

序的採選等階段。

　　一般而言；階層愈高的計畫應更具彈性與原則性，階層愈低的計畫應逐步精鍊與具體化。方向設定提供一個政策目標研訂的合理方式，也提供下一階段更細層次計畫的指導架構，它可以合理的讓「規劃」以目標為中心組織起來，並保證在此一架構之內各種行動的努力均朝向一個一致的、既定的意圖。

　　總之，目標的設定必須對現存的問題與未來的需求做合理的處理，政策計畫透過方向設定的過程，將使以目標為中心的規劃過程，更具合理性，也更增加實現理想的機會與能力。

---

5 戴爾法過程（Delphi Process）或譯為得飛法，是集合專家學者針對未來問題不斷的以匿名方式共同討論研商同意而得一般結論的方法。

CHAPTER 10

一般評估方法

評估的概念

㈠評估的意義與功用

評估（Evaluation）係以一系列科學方法的運作而對標的物或方案計畫所做的具體評價。它是一種特別形式的檢定（Testing）。就中文之意義而言，「評」是批評、評判，亦即批評工作的優點和缺點，評判計畫方案的利弊得失；「估」是測估、估量，亦即測估工作之具體績效，估量計畫方案實施效果。簡言之；評估之目的在於減少主觀與直覺的判斷，縮小決策程序中不確定因素的範圍；具體的顯現出標的物或計畫方案之真正價值所在。

就公共部門來說；計畫方案一但獲得採行而付諸實施，必定對社會大眾或社會福利（Social Welfare）產生若干的影響，評估通常被用來比較計畫方案的利與不利，它通常對計畫方案之基本假設，計畫方案之理論基礎及計畫本身提出一般性建議。對計畫者而言，評估可以協助對計畫的了解；對決策者而言，評估提供計畫汰選之參考；對民眾而言，評估提供計畫效果之重要資訊，所以對評估方法做更廣泛的探討實有必要。

㈡評估的條件

進行評估必須有值得評估的條件存在，評估才有價值，一般而言，評估在以下四種情況，不值一試：①政策或計畫本身並未發生問題；②政策或計畫尚未有明確的定向；③當人們或組織成員，對於政策或計畫所欲達成的目的，尚未有一致的見解或建立共識；④機關並沒有充足的經費或十足適合的職員來進行評估時。

㈢評估的目的

*1.*評估的消極目的

評估的消極目的主要有五：①遲延做成決定；②規避責任；③進行公共關係；④符合經費補助要求；⑤偽證、掩飾與攻擊。

*2.*評估的積極目的

評估的積極目的在於提供三類主要的資訊，即政策的投入，效力與效率，以為下列各項決定的基礎：①政策之持續或終止；②改進政策之推行與程序；③增刪特殊的個別的方案、策略和技術；④是否在他處擴展並推動類似的政策；⑤分配不同政策間的資源比例；⑥接受或拒絕某一政策的立論基礎。

㈣一般評估方法的種類

計畫之形成是由資訊的輸入分析，經由假設或問題的界定、理論或模型的提出，進入到最後的計畫作業階段及更精鍊的計畫文件之輸出等一系列活動予以不斷的回饋（Feedback）與修正來達成。為了確保計畫設計之合乎要求，以達成預定目標；計畫過程中的各階段皆需予評估。然而在假設（或假說）理論（或模型）計畫（或方案）因其粗略或精鍊之程度不同，要求及標準之性質亦異，往往很難以一評估方法完全適用。

實際上，評估往往因評估對象而選擇不同的方法；評估方法又因時代之演進、科學之進步而更精細周延，基於此，本章將一般評估方法區分為三種，並分別予以介紹。

⑴假設或假說（Hypothesis, Postulates）的評估方法。

⑵理論或模型（Theory, Model）的評估方法。

⑶計畫或方案（Plan, Program）的評估方法。

假設或假說的評估

㈠假設或假說的意義及功用

假設或假說（Hypothesis, Postulates）是一種假想性的陳述；它可說是一種假定的前提、情況或通則。其目的是在導出現象間的關係，並藉著已知或可知的事實加以驗證。一般而言；假說或假設均試圖將理論與現況溶為一體，並根據邏輯的一致性逐步推演而得；它不僅指出研究的方向與說明事實現象間的關係，同時亦進一步的引導研究者蒐集、整理、分析與解釋有用的資料。總之，假設具有指導研究、演繹、增進知識等三大功能，故在從事規劃研究中，假設扮演了極重要的地位。

㈡假設或假說的評估方法

為展現假設或假說邏輯架構之優劣程度，其所採之評估方法可涉以下幾項標準：

1. 可驗證性（Testability）：所設立的假設或假說可用實證的方法決定真、偽。

2. 一致性（Consistency）：假設或假說應該與同一研究範圍已有知識相一致，而不宜有明顯的抵觸。

3. 簡約化（Parsimonious）：假設或假說宜避免採用不必要的複雜概念。

4. 假設或假說應該能夠針對所研究的問題提供答案（Problem Solving），而無「文不對題」的情形。

5. 邏輯的單純性（Logical Simplicity）：所設立假設可以直接解

釋某一問題或現象,而不必附加其他假設。

6. 量化(Quantification):假設或假說應以量化或便於量化的形式加以表達。

7. 廣度(Broadly):假設應該有相當的廣度以便從而導出更精細的推論。

理論或模型的評估

　　理論作為知識的一環,必定扮演著解決問題的角色,它具有預測、重點、釐清、觀察、傳播、控制、激發、啟發、及組織綜合等功能。此外,理論通常也還有地圖及寓言功能,規範及指引我們思考的方向,但在規範與解釋的同時,受到其框架的影響,理論不可避免也有不足與限制之處,容易讓人陷入理論的陷阱當中而不自知,因此,善用理論功能的同時,也要認清理論的陷阱 [1]。理論和模型的意義在本書第三章中,已大致介紹,如前所述,評估是一種特別形式的檢定,理論或模型的評估旨在協助規劃師選擇最符實際需要並能予以操作的理論或模型,本節即將介紹一些理論或模型的評估準則。

(一) Grarry Brewer 的評估準則

Brewer 認為模型或理論的評估,需涉及四個層次 [2]:

1. 理論適合性的評估(Theoretical Appraisal)

在理論的評估中,常遭遇到的問題是如何審查模型的要素,這

---

[1] http://www.ftvn.com.tw/NewsProg/internet/word-16.htm#no.4

[2] Grarry Brewer (1973) Political, Bwreawcrats, and Consultant: A Critique of Uban Problem Solving.

些要素如何估計其參數結構（Parameter Structure），及其他要素間的適切關係或行為模式（Behavioral Patterns）；這些準則包括：

(1)內部一致性（Ineternal Consistency）：審查模型內部是否彼此關聯，前後是否一致而不衝突。

(2)與現況相符（Empirical Correspondence）：理論之最終目的是希望應用於實際社會，故一個愈優良的理論，必定愈與真實世界相符。

(3)符合邏輯架構（Logical Structure）：理論之推演是否合理而無矛盾或不適。

2.技術能力的評估（Technical Appraisal）

技術評估係指對模型本身的評估，此一評估本身實已隱含不確定性，主要係查核模型或理論是否得當，本評估包括：

(1)適合性檢定（Goodness of Fit）：審查理論或模型所象徵的現象是否與真實世界的現象相符合。

(2)敏感度測驗（Sensitivity）：審查理論或模型對微量變動的反應程度。

(3)詳細水準（Level of Detail）：審查理論或模型之描述，解釋或推論是否能見微知著。

(4)形式化（Formulization）模型能否使用簡單的數學語言（Mathmatical Language）或流程（Flow Chart）將理論予以展現。

(5)規格化（Specification）：模型進一步能否將理論的邏輯假設及關係予以規格化。

3.價值內涵的評估（Ethical Appraisal）

科學研究往住傾向於精確的分析，而忽視顯示人類價值判斷的企圖分析（Intentional Analysis）的重要性，此評估主要有：

(1)道德傾向（Moral Implication）：理論或模型是否接受人類的道德信念。

(2)價值背景（Context of Value）：模型是否意涵人類的價值判斷。

*4.*實際評估（Pragmatic Appraisal）

實際操作理論或模型時，尚需進行兩項評估：

(1)資料處理（Data Manipulation）：模型或理論在處理資料是否合理、審慎。

(2)變數的衡量（Measurement）：系統的變數是否經過嚴格的衡量，特別是在技術需要和精確二方面。

此外，Brewer亦建議在決策者之前展現理論或模型的幾項準則：

(1)簡單優於複雜。

(2)直接優於曲折。

(3)粗略優於精巧。

(二) Greffrey Hutton 的評估準則

Hutton 認為一個優長的理論應具有以下功能[3]：

*1.*操作功能（Operative Function）：一門學科的最終目標是對人類具有效用；因此，理論應具有可以在現實世界予以操作的功能。

*2.*啟發功能（Heuristie Function）：理論或模型應具有為吾人研究之建議或指導之功能。

*3.*適應綜合的功能（Orienting Comprehensive Function）：理論應具有將片斷、殘缺不全的資訊以不同方式加以排列整合之功能。

*4.*簡化與總括之功能（Reductive or Inclusive Function）：理論或模型應具有簡化敘述、修整資料之功能。

*5.*解釋及預測之功能（Explanatory-predictive Function）：理論

---

3 請參考謝朝儀、鍾起岱：都市空間結構理論簡介及其評估。中興大學法商學第 15 期。民國 69 年 6 月。

或模型應具有性質嚴謹，明確及直接的解釋功能，同時亦應具有可被預測或蒐集的證據所檢定，以支持或否定預測的功能。

(三) Hubert Blalock Jr 的評估準則

Blalock 對理論的評估與前述不同，他認為一個優良的理論具有以下條件[4]：

1. 可試性（Testability）：一個優良的理論或模型可以其他方法加以測試。

2. 對複雜現象的解釋性（Explanalory）：一個優良的理論或模型應具有解釋諸種複雜現象的能力。

3. 一般性（Generality）：理論或模型不僅需能應用於特定事項，且需能應用於一般事項。

4. 動態的本質（Dynamic Nature）：優良的理論不僅在靜態，比較靜態中能予解釋，更重要的是足以解釋動態的變遷過程。

5. 充分性（Adequacy）：理論或模型應有足夠的內涵與不爭的邏輯結構。

6. 預測能力（Predictive Ability）：理論或模型不僅足以解釋現象之成因，且應用有預測未來之能力。

(四) F. S. Chapin 的評估準則

Chapin 將理論或模型的評估準則區分為三類[5]：

1. 預測能力（Ability to Predict），包括：(1)預測的有效性（Validity）：亦即模型或理論是否足以反應所欲模擬世界之真正特性。

4　參考 Chapin F. Sturt Jr, and Kaiser, Edward (1979): Urban Land Use Planning.

5　對於計畫或方案的評估，一般有事前評估及事後評估兩種：所謂事後評估專指執行成果之考核而言，並非本節討論之列，本段所述，專指事前評估而言。

(2)預測的可靠性（Reliability）：模型或理論的重複分析可否測得相同自變數與應變數的相似值。(3)預側的準確性（Sharpness）：模型或理論所解釋變異的能力是否足夠。(4)經驗的驗證和計算的品質（Quality of Empirical Verification and Calibration）：包括計算的品質，資料的獨立性檢定，參數測估的敏感性檢定。(5)條件預測能力（Capability for Conditional Prediction）：評估模型內變數的特性，是否足以協助追蹤在某些條件下產生的結果。(6)綜合性（Comprehensiveness）：在其他條件不變的假設下，模型或理論在不同規劃條件下，是否均有適應的能力。

2. 經濟性（Economy），包括：(1)結構複雜性（Complexity of Structure）；(2)資料需求（Data Demands）模型對資料和計算能力的需求；(3)與目的有關之應變數集聚之能力；(4)成本（Cost），建立和維護模型的費用。經濟性要求排除不必要的變數，儘量避免結構的複雜性，它建議使用熟知的理論概念，以更簡單，更易應用的方法來操作理論或模型。

3. 充分性（Fruitfulness）：充分性指理論或模型的整體貢獻而言，同時比較其在金錢、時間和人力的費用，因此充分性須依以下項目作整體的衡量。(1)模型的預測能力；(2)預測與規劃方案的關聯性；(3)模型的綜合性；(4)模型對問題可提供解決的程度。充分性與預測能力和經濟性維持適切的平衡。

計畫或方案的評估

(一)計畫或方案的評估種類

計畫在古語即謀略之意，而方案可說是計畫更精細的延伸。具體的說，計畫或方案係指為達成預定目標，對未來行動所擬定的一系列決定的過程[6]。就積極的意義而言，計畫或方案可以協助吾人實現目標或理想；就消極意義而言，計畫或方案可以協助吾人迴避問題的產生[7]。評估一個計畫或方案可由兩方面著手：一是檢視規劃過程和步驟是否合理適宜；一是審查最終之計畫書是否具有所應有之特質。最早對計畫或方案的評估僅就其正反或優劣之意見予以採選；1950 年代以後則開始使用益本分析來估量一些可衡量的事實；60 年代計畫評估更納入了管理科學的技巧；70 年代以後，範圍更加的擴充，由財務評估甚至涉及計畫對經濟、社會、環境的影響分析；80 年代以後已加入了政策衝擊分析。本節將計畫與方案的評估方法區分為兩部分予以討論。

*1.*計畫與方案替選案的評估：替選案（Alternatives）是指就同一事項的兩個及兩個以上之計畫方案而言，評估的重點在於比較替選案的利弊得失，以作為汰選方案的參據。

*2.*計畫與方案優先順序的評估：優先順序是指就不同事項之不

6　理論上，長、短程計畫和方案是必須互相支持的；長、短程計畫的設計是用以支持行動方案的實施；而行動方案是設計用來實現長程計畫的構想；在本節的評估研究中，視為同性質而不另作區分。

7　益本比最高之方案在三個（含）以上的方案採選時不一定最有利，而往往需比較其邊際益本比，才能找出最有利之方案。

同計畫或方案在實施或投資階段的優先次序而言，評估的重點在比較投資之邊際效用及邊際成本，以求每一塊錢均能發揮最大的效能，作為資源配置的參考。

　　總之，計畫與方案的評估，在性質上類似資源之配置或重分配，目的是希望在有限的資源下，尋求最有效的使用方法。

㈡計畫與方案替選案的評估方法

1. 成本效益分析法（Cost-Benifit Analysis）

　　本法是從企業經營的理論導出，其目的是要在幾種方案或計畫中尋找一最有效的方案，評斷其是否有「利於社會」的標準，成本效益分析法，在原始概念上，有兩種想法值得一提，一是柏拉圖最適判斷法（Pareto's Optimality Principle），意指倘若一個投資計畫，能使某些人受益而不致使他人受害，則此一投資計畫即為可選採之計畫。另一項想法稱之為柯多－席克斯判斷法（Kaldor-Hicks Principles）意指一個投資計畫要想達到有人受益，無人受害的標準，在事實上很困難；但如果受益於該計畫之人能夠充分補償受害者，即可接受該計畫。此一想法為現代成本效益分析之基礎。基本上是資源分配理論的一種應用，其目的在選取益本比或邊際益本比最高的方案 8，最早應用於美國實施新政時期之水資源規劃，獲到極大的評價而逐漸被重視。本法之成本及效益均以貨幣量表示，假若計畫的實施所獲得的效益大於實施計畫所付出的成本，或是說，人們願意付錢以取得該項效益之總價，大於人們願意付錢以避免該項計畫的總價時，則該計畫就稱為經濟可行（Economically Feasibility），因此成本效益分析，有時亦稱為經濟可行性分析（Economical Feasi-

8 影子價格（Shadow Price）它可以定義為物品的真正價格，包括由市場反映的價格及不能由市場反映的價格的估計。

bility Study）。本法評估之程序大致如下：

(1)審查計畫與方案是否適宜作本益分析。

(2)列舉計畫與方案之本益項目並應用影子價格（Shadow Price）做某些程度的調整。

(3)選擇適當的社會折合率（Social Discount Rate[9]）並考慮各計畫與方案的風險性（Risk）。

(4)由(2)、(3)計算純現值（Net Present Value of Benifit）或內部報酬率（Internal Pate of Return）。

(5)如純現值大於零，或內部報酬率大於社會折合率，則方案可行；若有多種彼此相斥之備選方案，原則上採純現值或內部報酬率之最大者。

益本法完全依照「經濟效率」觀點選擇計畫，往往忽略資源之分派與所得的分配；由於需將所有的成本及效益均貨幣化，對於其他無法貨幣化之因素無法考量。此外由於本法特重經濟觀點，所選取之方案往往因法律上、行政上及技術上的限制而無法實施，或雖實施但卻滯礙難行，此在選取本法作為評估工具者，不可不注意。

2.財務投資評審法（Financial Investment Appraisal）

本法是由不動產評價發展出來適用於單一之投資方案的評估，目的在測估投資方案的資本帳，成本及收入以確定其財務執行。評估指標通常包括：自有資本率、流動比率、固定長期適合率、毛利率、純益率、淨值報酬率、總資產周轉率、營收成長率、每一員工銷售額等等；亦可以將整體管理制度、研發與創新、行銷、人力發

9 社會折合率（Social Discount Rate）或稱時間價值折現率（Time Value Discount Rate）或稱社會時間偏好率（Social Time Preference Rate），表示現在消費代替未來消費之邊際替代率。一般情況下，其值介於一與零之間；由於此種折合率，涉及主觀因素甚多，且計量上亦頗困難，故有人主張，可以用政府借款利率以為代替。

展、社會責任等涵蓋在內。其做法係詳細估計投資方案的興建成本、負債及未來可能收入或租金來做益本分析。例如，推動民間參與重大交通建設計畫，就必須具備健全的法令制度與健全的財務計畫，特許公司合作團隊必須具備足夠經驗、資源、風險分析、財務管理等條件，財務投資評審法可以評估擔負公平合理之風險與利益，以及財務永續目標。

3.社會成本效益分析（Social Cost-Benifit Analysis）

社會成本效益分析係為衡量公共投資方案的社會價值而發展出的本益分析法，其成本效益的計算往往超越市場所能反映出消費者剩餘（Consumer Surplue）。本法考慮達成每一目標所需的社會成本，特別是外部效果及計畫產生的各種經濟與不經濟的影響，最後製成綜合性的社會成本效益摘要表，作為決策汰選的參考。由本法衍生出來的評估法，主要有：成本最小化分析（Cost Minimization Analysis）及成本效果分析（Cost Effcetiveness Analysis）。

4.經濟投資評估法（Economic Investment Appraisal）

本法為本益法之另一形式，假設所欲評估之計畫為一獨立的系統，計算本益比時僅考慮計畫之外部影響部分，通常進行概括的經濟投資評估，以評審各種發展方案，評估結果對制訂發展策略，方案及應變計畫時頗有助益。本法特別常用於硬體建設投資之評審或其他公共部門投資之評審。

5.序位法（Ordinal Approach）

本法特別強調達成評估項目的程度，所以首先建立一組評估準則，依準則之適合能力區分為 1，2，3……之序位，最後將各替選案分別評價其符合評估準則的程度，由於本法不能顯示準則之相互關係，故一般用於粗略之評估。本法之評估如表 10-1。

表 10-1　序位法評估表

序案準 方位 A B C 則	1	2	3
準則甲	A	C	B
準則乙	C	B	A
準則丙	B	C	A

6.指標法（Indicator's Approach）

本法如序位法亦需研擬評估準則，所不同的本法並不將評估準則區分等級，而將評估結果以摘述的方式顯示在一個評估表上送交決策者，基本上本法可用來說明計畫的變化並加以衡量，因為它只是一簡單的表格，所以幾乎不能成為一種方法；但因本法可作為評估之補助，故雖乏理論基礎，卻往往易為人接受，故往往使用作為計畫或方案的初步衡量。例如一項山地鄉的投資方案的採選，假設有計畫 A、B、C，則依指標法的評估結果如下表 10-2 形式。

表 10-2　指標法評估表

準則　　　計畫	計畫 A	計畫 B	計畫 C
1.住戶至市場可及性	總里程增加 5%	總里程無增減	總里程減少 10%
2.地方資源的使用率	當地伐木林業增加 10%	當地伐木林業增加 10%	當地伐木林業增加 5%
3.空氣的污染	空氣中 SO_2 含量增加 5%	無明顯變化	空氣中 SO_2 含量增加 5%
4.水污染	無改變	無改變	無改變

7.最適法（Optimization Technique）

最適法係運用線性規劃（Linear Programming）求最佳解，故第一步需建立數量化模型，其步驟如下：

(1)建立量化目標：

目標1：增加國民所得（X_1）　　標準1：$X_1 \geqq N$；

目標2：減少污染（X_2）　　　標準2：$X_2 \leqq M$；

　⋮

等。

(2)尋求與目標$X_1, X_2, ...$有關的因素建立方程式：

$X_1 = ay_1 + by_2 + cy_3$　　Y_1：工業面積；

$X_2 = dy_1 + ey_2$　　　　Y_2：就業量；

　⋮　　　　　　　　　Y_3：工廠數；

等。

(3)最後求其在 $opt(Y_1, Y_2, Y_3)$ 之方案。

8.準則對照表（Check-list of Criteria）

本法類似後述之目標達成矩陣法，主要是以一簡單形式的圖表來表現替選案相對於一特別形式的準則之等級，依據準則以計分的方式來評估計畫或方案的目標達成程度，作為比較替選案優劣的依據，最後得出計分摘要表，可以圖10-1表之。

圖10-1　準則對照表評估圖

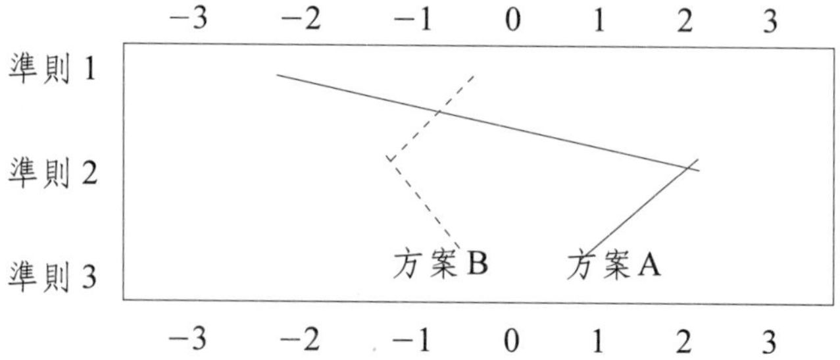

*9.*計畫平衡帳法（Planning Balance Sheet Analysis）

本法是應用本益法的擴充和改良，主要是一複式項目（Dual-entry）的會計系統，它將計畫之成本效益轉換成某一基年的水準。成本效益非但可以金額表示，亦可由其他計量單位加以衡量，不能計量的項目，則以文字摘述其特性。基本上，計量平衡帳法是以整體的立場來考慮總效益及總成本，以求最小成本達成既定效益，或最佳之益本比而令選取。本法同時考慮各種團體（如生產者、消費者）的意見，並分期詳細列出，簡單的摘要表如表 10−3。本法具有與目標達成法同樣的效果，但較複雜，故本法雖有一嚴謹之福利經濟理論基礎，且其內部一致性，但卻較不可行，而不易為人接受。

*10.*目標達成矩陣法（Goal-Achievement Matrix Analysis）

本法為黑爾（Hill）於 1973 年提出，原為運輸計畫評估而設計，它是簡單的表格評估更進一步的發展，幫助評估者對替選案之評估結果做更佳的了解與評定。

Hill 首先對目標（Goal）作嚴謹的定義，再將之轉化為可量化

表 10−3　計畫平衡帳摘要表

部門	目標	計畫 A		計畫 B		比較	淨利益
		效益	成本	效益	成本		
生產者							
項目 1	＊＊＊	＊＊＊	＊＊＊	＊＊＊	＊＊＊	＊＊＊	＊＊＊
項目 2	＊＊＊	＊＊＊	＊＊＊	＊＊＊	＊＊＊	＊＊＊	＊＊＊
等							
消費者							
項目 1	＊＊＊	＊＊＊	＊＊＊	＊＊＊	＊＊＊	＊＊＊	＊＊＊
項目 2	＊＊＊	＊＊＊	＊＊＊	＊＊＊	＊＊＊	＊＊＊	＊＊＊
等							

陣的方式表現；其次將各不同團體對目標的評估以建立加權矩陣，的標的（Objectives）並建立一可衡量形式的評估準則，並以效率矩此矩陣顯示出目標或標的間的相對重要性之加權系統，最後將上述二矩陣相乘得出結果矩陣送交決策者參考。其方法可以下式表示：

$$Am \times n \quad Bn \times k = Cm \times k$$

其中：A效率矩陣，m方案數或計畫數，B加權矩陣，n目標或標的數，C結果矩陣，k團體數。

目標達成矩陣具有堅強的理論基礎，且具內部一致性。在現階段的知識水準無法對標的的評估找到一些令人滿意的評估準則下，提供一項較客觀的評估方法，其引用之加權系統，很顯然的可交由某些民選的官員來決定，無疑的更增加本法的可行性。

11. 計畫方案預算制（P. P. B. S.）。

計畫、方案、預算制度（Planning, Programming, Budgeting System）之評估方法乃是衡量產出成果的特定形式，本法基本上是理想計畫過程的翻版，一般是依以下步驟來達成評審：

(1)陳述問題與需要。

(2)認明達成目標的各種方案。

(3)估計每一方案的成本（Cost）。

(4)衡量每一方案的效能（Effectiveness）。

(5)依據(3)(4)選取較理想的方案。

(三)計畫與方案優先順序的評估方法

優先順序的評估，在保證資源依據邊際效益最大的原則進行投資，又可分為兩種狀況，即無預算限制或預算不成問題的情況及有預算限制或預算編列會產生排擠效果的情況；分析如下：

1. 無預算限制下，計畫與方案優先順序評估方法：

(1)夠本期判斷法（Pay-back Period Criterion）

本法旨在說明一個投資計畫或方案是否有利，依據夠本期（Pay-back Period）長度而定。所謂夠本期是指效益逐年累積數正好等於成本之年數而言。故夠本期時間愈短，其優先性愈高，因此一個四年夠本期計畫較五年之夠本期計畫來得優先。本法適用於短程方案。其缺點為完全不考慮時間價值替換率，故在使用時需特別謹慎。

(2)內部報酬率判斷法（Internal Rate of Return Criterion）內部報酬率又稱投資邊際效率（Marginal Efficieny of Investment）是指預期收益折現值之和等於計畫成本之折現率而言，其值如下：

$$\sum_{t=0}^{n} \frac{Bt - Ct}{(1+\lambda)^t} = 0$$

其中：λ 為內部報酬率，t 為年期，B 為總收益，C 為總成本。

上式之內部報酬率 λ 的求法，一般以試誤法求得，首先由一個假設折現值開始，不斷修正 λ 值予以測試，最後收斂於 0 之 λ 值即為所求。判斷一個投資計畫是否可行，則要與社會折合率相比較，內部報酬率大於社會折合率者方案可行；反之則計畫不可行。

(3)淨現值法（Net Present Value Method）

本法是把效益折現總值減去成本折現總值之謂，此時折現率是由外在決定的社會折合率，其式如下：

$$\text{NPV} = \sum_{t=0}^{n} \frac{Bt - Ct}{(1+\lambda)^t}$$

其中：NPV 為淨現值，t 為年期，B 為總效值，C 為總成本。

2.有預算限制下，計畫與方案優先順序的評估方法。

(1)固定預算的情況

在固定預算下，將資源分配於兩種（或以上）的支出計畫，一般即在求淨現值之最大。由於總成本受預算固定的影響，因此問題即在如何使總收益為最大。在計畫可以分割的情況：為使總收益最大化，則預算的分配必須滿足邊際均等原則，也就是預算的分配必須決定於邊際效益等於邊際成本的一點。在計畫不能分割（Indivisibility）的情況下 10，邊際均等原則就不能適用，因為邊際的調整往往不能導致總效益的最大化；在此種情況下，益本比及邊際益本比可提供一項解決途徑，亦即以成本效益比率排列，作為以一定支出取得總效益最大化的方法。

(2)變化預算的情況

在變化預算情況下，討論的範圍擴大至總預算支出的決定。在固定預算的情況，採行公共計畫的機會成本，包括不採行他項計畫的損失；在變化預算的情況下，採行公共計畫的機會成本，尚須包括私人部門效益的損失。

在計畫可分割情況下，前述總淨效益極大化之原則仍可適用，但需包括私人計畫的成本與利益。在計畫不能分割的情況，私人部

---

10 所謂不可分割性（Indivisibility）包括三種：(1)生產函數上的不可分割，亦即某種產業的建立與發展有其最低限度所須具備的規模，如果再小於此，則不但在技術上辦不到，且在經濟上亦無價值。例如：電廠不能建半個，鐵路不能鋪到半段。(2)需要上的不可分割，亦即一個投資計畫往往必須併同其他許多計畫一起建立起來，如果單獨投資必然產生產品的銷路問題。(3)儲蓄供給上的不可分割性，則由於大規模事業的投資所需的最少投資額，往往就是一個很大的數量，因此在儲蓄供給上所需要的最少數量自然是一個很大的數量，一個所得低的經濟社會裡，如要辦到這一點往往需設法開發潛在的資源才能做到。

門的損失，可由放棄私人計畫的成本來衡量，前述以益本比率排列
的原則仍可適用。

㈣計畫或方案評估方法的比較

　　評估是一般檢定方法的特別形式，計畫與方案的評估在性質上
類似資源配置或重分配；其目的是希望在有限的資源下，尋求最有
效益的配置方法。本章旨在簡介一般評估方法，表 10-4 顯示各種
方法的比較。由於每一種評估方法皆有它的優、劣點，故在實際應
用上，需就各種方法的適切性（Appropriateness）、有效性（Effecti-
veness）、可行性（Feasibility），被接受性（Acceptability）等方面
予以考量。

表 10-4　各種計畫方案評估方法比較

	評估方法　　方法	理論來源或提出者	優　點	缺　點	應　用
計畫與方案替選的評估方法	成本效益分析法	經濟理論及資源經濟學	1.有堅強理論基礎 2.將成本及效益做精確的分析	1.忽視資源分派與所得分配 2.不能考慮非貨幣化因素 3.受法律、行政、技術之限制甚大 4.忽視外部效果	單一目標之經濟投資方案，如公路投資計畫
	財務投資評審法	不動產評價理論	特別重視財務投資	忽視外部影響	都市更新方案

經濟投資評審法	經濟理論	考慮外部影響	受法律及行政技術之限制	公共投資方案
社會成本效益分析法	經濟理論及資源分配理論	1.考慮外部效果及非量化因素 2.注重社會福利	忽視制度上的限制	水資源計畫 運輸計畫 教育發展方案
序位法	計畫理論	簡單明瞭	不能顯示目標間的相互關係	公共支出計畫
指標法	計畫理論	簡單明瞭 易為人接受	易受個人價值傾向影響	一般公共計畫 都市計畫
準則對照表	Ruskill 委員會應用於機場評估	圖示表示，可以加深了解	缺乏加權系統，不能顯示價值偏好	都市計畫 土地使用計畫
最適法	數理經濟學	具邏輯一致性 可由電腦操作	無法考慮非量化因數	經濟投資計畫
計畫平衡帳法	Lichfield 於1966 年提出	1.具理論基礎 2.考慮團體意見 3.完整的目標體系	相當複雜，需專業人員方能使用	公共計畫
目標達成法	Hill，M 提出於 1973 年提出	1.具理論基礎 2.有合理的加權系統 3.完整的目標體系	往往受利益團體所左右	都市計畫 公共計畫
計畫方案預算制	由績效預算概念發展出來	著重目標，已績效重組預算可以估計長短程效果	1.忽視規模的經濟利益 2.不能顯明計畫間的依存性	國防計畫 行政計畫

計畫與方案優先順序評估法	無預算限制下	夠本期法.	經濟理論	簡單容易了解	不考慮時間替換率	單一的工程方案 公路投資方案
		內部報酬率法	經濟理論	可看出計畫的長期平均效果	不易計算 不考慮行政、法律、技術上的限制	公共投資方案 運輸方案
		淨現值法	經濟理論	可將成本效益做合理、精確的衡量	不考慮行政、法律、技術上的限制	高速公路規劃
	固定預算限制		經濟理論	排列投資的優先順序，作為分配資源或預算的參考	忽略經濟以外的因素	一般投資方案 短期計畫
	變化預算限制		經濟理論	有助了解公共支出的機會成本排列計畫與方案優先順序作為分配資源或預算的參考	忽略經濟以外的因素	一般投資方案 短期計畫

　　總之，評估方法的研究，一方面有助於吾人對計畫與方案的了解，另一方面有助於規劃學業的增進，故進一步的研究以發展出更有用的評估方法，實有必要。

CHAPTER 11

計畫評估實例研究

概　說

　　《計畫評估》是一種科學，更是一種藝術。就科學言，近代計畫評估方法已發展出一系列如成本效益分析、資料分析、作業研究、系統分析等計量方法，而另一方面，許多研究也將質化方法應用於社會與文化過程分析，乃至於政策評估領域，質化方法因此逐漸受到應有的注意。

　　計畫的評估除了消極的提供與計畫相關的深化資訊外，有時也會對一個團體和其競爭對手間，提供與政治、經濟、乃至與其他相關的領域的比較分析資訊，評估的結果可以是指示性（prescriptive）的分析，也可以是描述性（descriptive）的分析，更可以是診斷性（diagnostic）的分析，甚至對決策者提供客觀且長期的情勢評估。

　　在第十章「一般評估方法」中，曾介紹計畫或方案的評估方法。在實際的應用中，評估一項計畫或方案常常須借重於各種評估方法的綜合應用。一般公部門通常將計畫評審分成計畫完整性、計畫可行性、計畫優先性三種評估，計畫的完整性包括：協調配合性、目標達成性、內部一致性三項指標；計畫可行性包括：政治、行政、財務、經濟、技術等五項可行性指標；計畫優先性包括：計畫迫切性、政策需求性、計畫效益性三項指標；有時計畫的完整性與可行性可以合併進行[1]。筆者自 1984 年 6 月至 1986 年 6 月因工作關係曾參與多項政府經建計畫之審議及中程行政計畫之審議，第二節至第七節將分別介紹其中幾個個案評估實例，以供參考。

---

1 請參閱「台灣省政府長中程計畫作業手冊」省研考會編印。（75 年元月）

「任何評估方法，必須足以分辨計畫的良窳優劣，顯示出計畫真正的價值」

集集共同引水計畫

　　集集共同引水計畫原係六年國建設計之水利工程，總經費 238 億元，將濁水溪上游的水源蓄存利用以供應中南部農田灌溉飲水之用，興建竣工後將成為觀光旅遊休憩兩相宜勝地，可說是為國內最大規模之水資源管理調配系統，集集共同引水計畫於民國 82 年動工，89 年 6 月完工，包括：攔河堰及附屬工程、南岸聯絡渠道工程、北岸聯絡渠道工程、工業用水專用設施林內麥寮管路以及用地

徵收及取得五大項，完工後預計可掌握每年 25 億噸之水量，嘉惠兩岸 10 萬公頃農田、八卦山高地旱作區 4,171 公頃以及六輕工業區。

　　集集共同引水計畫[2] 係濁水溪流域綜合開發之重要部分，該計畫早在民國 31 年 4 月即開始研究，民國 47 年，經濟部水資源統一規劃委員會繼續規劃，並於民國 51 年 6 月完成「集集共同引水計畫實施性規劃報告」，民國 73 年在聯合國支助下委託加拿大艾克斯顧問公司辦理濁烏溪流域水利發展綜合研究時亦曾深入討論。台灣省水利局於民國 73 年完成「集集共同引水計畫可行性規劃報告」，計畫在濁水溪集集附近之狹谷，建一長 507 公尺之攔河堰，形成一具有蓄水量約 1,200 萬立方公尺之調整池，並在南北兩岸各設進水口一座，以利統一配水。另於兩岸興建或整建總長約 90 公里之聯絡渠道，聯絡原有 12 個進水口，再利用渠道落差設置名間、藤湖、竹山等三座電廠發電。

　　本計畫初期工程自民國 79 年 7 月至 89 年 6 月，前後長共十年，在此之後，又有集集共同引水工程後續計畫等多項銜接工程，在規劃初期時，由前台灣省政府水利局負責，個人曾經參與其中一段審查工作，記得於民國 73 年 8 月 15 日，由台灣省政府經濟建設動員委員會（即前省經動會）周副主任委員春堤博士召集審查時，筆者亦奉派參與審查，曾提三點意見：

　　1. 本計畫以設置攔河堰蓄水為主，應考慮濁水溪流域之洪水頻率，不同的洪水頻率（如五十年、一百年、二百年或一千年）其對堰本身的安全性有不同的影響，應在設計時予以考慮。

　　2. 濁水溪名稱，以其流水挾帶淤泥特多，四季混濁而得名，其

──────────

2　集集共同引水工程計畫參閱水利局「集集共同引水工程計畫」（73 年 4 月）及「集集共同引水計畫可行性規劃報告」（73 年 7 月）等報告書。各審議研究員意見參閱台灣省政府經動會 73.8.10 經建字第三一〇〇號函。

泥砂來源大多為萬北大溪與丹大溪，萬北大溪由於武界埧之完成，除夏季及早秋之雨水期外，大致已甚少泥砂，所以濁水溪之泥砂大部來至丹大溪，本計畫對泥砂問題之設計方法是在攔河堰進水口前設置排砂道，其對濁水溪的嚴重泥砂究竟能解決至何種程度？或者在丹大溪流域設置類似「武界埧」之設施來控制泥砂亦請研究。

3.濁水溪之崩塌情況非常嚴重，可見其地質較為「軟性」，根據民國 54 年之崩塌地調查，濁水溪因溪流淘刷而引起之崩塌地區高達 120 處，近年來似乎尚無類似調查，但可想見其崩塌情況必甚為嚴重，集集共同引水工程攔河堰址附近，其砂岩多達 75%，是否會影響攔河堰之壽命；對於濁水溪之崩塌情形，本計畫是否已擬具有對策；以上似均應於計畫中予以考慮。

曾文、烏山頭水庫灌溉計畫

台灣地區平均年雨量雖達 2,500 公厘以上，然而由於絕大多數均集中在夏、秋季節，加以地形陡峻，逕流短時內即流入海洋，以致水資源蓄存利用頗為困難；目前農業灌溉平均年用水量約 120 億立方公尺，約占總用水量 195 億立方公尺之 62%；由於台灣農業用水開發甚早，早期農業用水不虞匱乏，但近二十餘年來，因人口增加及工商業迅速發展，工業及活用水逐年不斷上揚，各標的用水不足現象發生之頻率愈增，民眾對乾旱缺水之反應亦愈加敏感；據統計，自民國 69 年迄 85 年之 16 年間，全省發生乾旱缺水之年數計有 10 年，其中以嘉南地區尤為嚴重[3]，在歷次旱災中，該地區幾乎均難以倖免。

!_____

3 http://wcis.erl.itri.org.tw/publish/water.

　　在於嘉義縣大埔鄉的曾文水庫，為民國 56 年開始興建之多功能水庫，集水區面積約 481 平方公里，滿水位面積約 17.1 平方公里，滿水位標高：227 公尺，總容量為 7 億 1,270 萬立方公尺，有效容量為 5 億 9,550 萬立方公尺（原設計）灌溉面積 66,680 公頃（經烏山頭水庫），給水每日 35 萬立方公尺（經烏山頭水庫），年發電量 2.12 億度（曾文電廠），兼具防洪、觀光等功能，烏山頭水庫位於台南縣官田、六甲、東山、大內四鄉鎮之間，水庫蓄水面積 1,300 公頃，為台灣最大的人工湖。

　　民國 73 年夏秋季灌溉期間，曾文水庫集水區降雨量不多，蓄水量始終維持在 3 億至 4 億立方公尺之間，雨季結束後，水庫進水情況未見好轉，曾文烏山頭兩水庫之存水量，截至當年 10 月 5 日僅有 30,028 萬立方公尺，很顯然已不足供應 73 年 10 月以後至 74 年 5 月底各標的所需用水量 56,150 萬立方公尺，為期減少農業生產損失，民國 73 年 10 月台灣省政府建設廳、水利局及嘉南農田水利會為因應自 73 年至 74 年 5 月乾旱缺水時期，曾文、烏山頭水庫灌區缺水灌溉計畫，特研議四種替選方案，如表 11-1。

　　本案於 73 年 10 月 18 日由前省建設廳林副廳長將財召集有關單位開會評估研商[4]，筆者奉派與會，所提之意見概述如下：

　　1. 本案研商曾文、烏山頭水庫（73 年至 74 年 5 月）溉區缺水灌溉計畫，共有四項替選方案；基本上，無論採行何種方案均對農民造成不利影響，政府亦有補貼之財政損失，惟倘不採取任何措施，其產生之影響更大，評估此四方案，宜採「損害最小」之原則，亦即「兩害相權取其輕」。同時亦需考量當前之稻田轉作政策。

　　2. 依前述兩項準則來評估此四方案，就停灌之面積而言，以第

4　參閱台灣省政府建設廳 73.10.13 建水字第一六八六三五號函及 70.10.24 建水字第二〇七〇一九號函。

一案最小，第二案最大。就節省之水量而言，以第一案最大，第四案最小。就政府之補貼而言，以第四案為最少，第二案最大，就稻田轉作而言，第一案最佳，由以上之分析，採第一案較合理。

表 11-1　曾文水庫 1984 年灌區因應缺水方案

案別	因應措施	救濟方案	停灌面積與水量	優點	缺點
第一案	停灌 74 年第一期作水稻。	減免會費 79,231 千元，增加管理費 4,670 千元。	停灌面積 19,304 公頃與水量 20,000 萬立方公尺。	1.停灌面積與水量甘蔗雜糧灌溉機會；2.雙期作田地一期作水田可轉作或休耕，符合稻田轉作政策。	1.雙期作田第一期作水稻灌溉面積取消；2.有關農民勢必反對並要求補貼；3.曾文水庫工程費及水利會費需考慮減免。
第二案	停灌冬春甘蔗雜糧。	減免會費 127,950 千元，增加管理費 4,670 千元。	停灌面積 85,064 公頃與水量 14,085 萬立方公尺。	間歇灌溉減少灌溉用水。	1.三年二作田甘蔗雜作灌溉，減少灌溉次數影響雜糧生產；2.曾文水庫工程費及水利會費需考慮減免。

| 第三案 | 停灌秋冬甘蔗雜糧。 | 減免會費73,610千元，增加管理費4,670千元。 | 停灌面積54,927公頃與水量10,415萬立方公尺。 | 1.符合農有種水稻意願；2.施行水稻灌溉，行間歇灌溉，減少灌溉用水；3.局部甘蔗雜糧獲得灌溉。 | 1.影響甘蔗生產，引起蔗農反對；2.曾文水庫工程費及水利會費需考慮減免。 |
| 第四案 | 停灌冬季甘蔗雜糧。 | 減免會費61,170千元，增加管理費4,670千元。 | 停灌面積36,882公頃與水量6,708萬立方公尺。 | 1.符合農有種水稻意願；2.施行水稻灌溉，行間歇灌溉，減少灌溉用水；3.局部甘蔗雜糧獲得灌溉。 | 1.影響甘蔗生產，引起蔗農反對；2.曾文水庫工程費及水利會費需考慮減免。 |

四重溪牡丹水庫計畫

　　牡丹水庫位於屏東縣南端牡丹鄉境內，四重溪河谷上，在恆春東北方約 24 公里處，水庫係集取四重溪上游之支流──汝仍溪和牡丹溪流域之水量而成[5]，集水區面積約 69.2 平方公里，其蓄水體積約 3,119 萬立方公尺，水庫完成後，估計常年可增加約每日 10 萬噸

─────────────

5 http://www.randdf.com/digimuseum/water/.

之供水量，即年約供水量約 3,710 萬噸。為當時十四項建設之一，壩址之地質調查工作，自民國 68 年即開始陸續辦理。四重溪牡丹水庫計畫[6] 主要利用四重溪豐富之水源，以供應南台灣之楓港、車城、恒春、墾丁等地區之公共給水、工業用水及灌溉用水。本計畫於 73 年 8 月 23 日由省經動會召集審查時，筆者奉派參與審查，所提意見如次：

1. 本水庫在這一、二年內似乎尚未達到迫切需要的程度，惟在五、六年後可能因核能廠的擴大，國家公園及鄰近地區等諸種用水的短缺而顯示其需要性，因此從區域發展的觀點來看，本計畫勢在必行，惟根據報告指出，四重溪似為本地區唯一較為可靠的水源，而水庫壽命為六十七年，將來可能因其集水區的沈積嚴重或其他不可確定之因素而縮短其使用壽命，所以將來如何延長或確保水庫的使用年限，應為重要的課題，此外也需積極的尋找其他的水源，作為萬一水庫使用年限到達後的替代方案。

2. 施工經費除了要考慮物價指數、利率、利息負擔等因素之外，可能還要極慮貨幣的貶值率，物價的波動與貨幣的貶值對工程費的估計可能有不同的影響，所以本計畫倘重新修正工程建造時，對貨幣貶值率亦應加考慮。

3. 南台灣地區每年七月、八月、九月颱風季節來臨時，往往也是受災情況較為嚴重的地區，所以水壩的建造對最大暴風雨頻率所造成的影響，應進一步的分析、研判。

4. 對經費的分擔，雖以「用者付費」為原則，但是仍需考慮要

---

6 四重溪牡丹水庫計畫參閱水利局「屏東縣四重溪牡丹水庫可行性規劃」（70年 9 月）及「屏東縣四重溪牡丹水庫工程計畫」（73 年 6 月）等報告書。各審議研究員意見參閱台灣省政府經動會 73.8.16 經建字第三二三三號函及 73.8.28 經建字第三四五五號函。

使用者「機會成本」的問題，台電為了要滿足「發電」的需要，所以當然要負擔本計畫之建設經費，至於農民的灌溉用水部分，即使本計畫不興建，他們一樣可以使用原四重溪或地下水等天然用水，所以它所需負擔的工程費的部分，可能就不是它從水庫用多少水就分擔多少工程經費的部分。加上農民所得偏低，要其分擔經費可能不容易。所以，我建議最好不必由農民來負擔經費。

嘉誠水庫工程計畫

　　嘉誠水庫原計畫位於高雄市近郊二仁溪與高屏溪之間的典寶溪上游之支流，行政區屬於高雄縣大社鄉嘉誠村，由於本身缺乏優良可靠之水源，必須靠抽取高屏溪豐水期流量予以蓄存，本身常流量甚小，輸洪能力有限，一般視為大高雄區公共給水長期計畫之中間工程。由於典寶溪流域內因土地高度開發，主流通水能力不佳，經常造成水患，如何整治水患，解決當地淹水情況，實為當務之急。本計畫[7]由台灣省自來水公司所提出，於 73 年 9 月 14 日由前台灣省政府經動會召集審查時，筆者奉派參與審查，所提之意見如次：

　　1. 嘉誠水庫為單目標水庫，其興建之目的在滿足高雄地區短期

7　典寶溪為高屏溪的支流之一，由於人為的破壞，此地區長年有水患與污染，根據行政院的資料，包括二仁溪、將軍溪、南崁溪、北港溪、中港溪、朴子溪、高屏溪、客雅溪、典寶溪等九條重點河川，未來的河川整治計畫將納入「挑戰二○○八」的國家發展重點計畫，預計投入超過 30 億元。參閱 http://www.tari.gov.tw/news/農業新聞剪報/2002-8/8.21-htm。嘉誠水庫其實並不存在，為 1984 年間，台灣省自來水公司為解決高雄市缺水問題，所提出的中間工程計畫，請參閱台灣省自來水公司「嘉誠水庫工程計畫」（民國 73 年 5 月）及省經動會 73.9.6 經建字第三五九○號函及 73.9.25 經建字第三九五八號函。

用水需求，因其本身集水區範圍甚小，所容納之水除降雨外，為由高屏溪豐水期時所抽取之水，成本似較一般同型水庫為高，由於水落差相近不能供發電之用，又係離槽水庫，故防洪效能不高，且做觀光使用亦有限制，故其興建成本恐非短期能予回收。惟因高雄地區需水日益迫切，澄清湖所能供給之自來水極其有限，故本水庫之興建應在政策上先作考量其必要性。

2.嘉誠水庫淹沒區及工程用地之範圍，居民雖僅約一百戶左右，大都以農為主，擁有私有地占 60%，將來如何予以適當的安置，請予事先考量。

3.本水庫由於欠缺防洪功能，且採土壩蓄水，其對適宜洪水流量之設計，應採最大可能洪峰流量，其樣本之取得應採有記錄之最大暴雨量，本計畫書所採之樣本大抵為最近五十年內之暴雨記錄，是否仍有其他更長期之暴雨紀錄可供參考，又其所設計之一千年之最大洪峰流量，是否為最大可能之洪峰流量，不無疑問。

4.本水庫之壩址在岩質較為軟弱，鞍部薄弱之處，應進行更詳細之鑽探調查，以確保壩址安全。

5.本水庫庫址一帶，頗多種類之生物相，似可配合有限度之觀光遊憩，兼顧生態環境之保育，建議有關機關適度劃為保護區，以保護原有之生態環境。

6.嘉誠水庫淹沒區內，已有相當密集之聚落形成，土地利用程度亦大於後掘水庫，將來土地之取得宜防止土地投機事件，以免影響土地之取得，對原住居民之輔導搬遷或安置亦應投入較大之關心。

7.嘉誠水庫將來供水區域涵蓋高雄市，宜就用水量計算高雄市政府應分擔之開發經費。

堤後排水工程計畫

　　堤後排水工程為台灣水域治理的特殊工程，與堤防、護岸工程、河川疏浚工程、改善支流工程、整治集水區水土保持工程等等同為河川整體治理計畫的一環，本計畫[8]為90年代台灣所推動十四項重要建設計畫的第九項防洪排水計畫的一部分，主要為配合河海堤及區域排水之整建，同時興築堤後排水設施，以期發揮整體排水效果，改善堤後地區之水患。本計畫當時由台灣省政府主席於民國74年10月間裁示由前台灣省住都局詳加規劃，並於75年4月11日由前台灣省經動會召集審議，筆者奉派參與審查，所提意見如次：

　　1. 本案與水利局所提河海堤工程暨區域排水工程75至80年度六年計畫必需互相配合，始能發揮整體排水效果，檢視本案堤後排水工程數量分年計畫表，有先於河海堤水工程之項目（如嘉義市堤後排水工程預定於75、77兩年度興建，而同區八掌溪吳鳳及湖內新建堤防預定於77年度興建），有後於河海堤排水工程之項目（如基隆市基隆河堤後工程預定於77年度興建，而基隆河堤將於76年度整建），亦有與河海堤排水工程同時興建之項目（如彰化芬園鄉竹林堤防與其堤後排水工程均預定於78年度興建），本計畫配合區域排水工程部分，亦有類似情形，本案分期計畫之興建次序排序準則如何，請於計畫書中補充說明，其倘有不能與水利局所提計畫相配合者，亦宜相應調整。

8　堤後排水工程六年計畫請參閱台灣省政府住都局「堤後排水工程75至80年度六年計畫」，各審議研究員之意見參閱台灣省政府經動會75.3.11經建字第一〇六七號函。

2.本案各項目之經費預估請再詳加檢討，例如桃園縣南崁溪堤後排水工程 78 年度興築排水幹渠 3,500 公尺，共需 315,000 千元，平均每公尺約負擔 90 千元，79 年度興築排水幹渠 3,350 公尺，共需 141,000 千元，平均每公尺約負擔 42 千元，80 年度興築排水幹渠 3,250 公尺，共需 122,500 千元，平均每公尺約負擔 38 千元，相差甚鉅，其原因如何，請加檢討。

3.本案所需之用地取得宜主動協調有關之縣市政府配合提前辦理，以利工程施工。

林口新鎮連外道路開闢計畫

「林口新市鎮開發」為台灣 80 年代所推動政府十二項重大建設計畫「開發新市鎮、廣建國民住宅」之一，林口新市鎮為台灣地區除中興新村 9 之外，首次開發之「新市鎮」10。「林口新鎮連外道路開闢計畫」係以交通大學運輸工程與管理學系研究「配合林口新市鎮開發之連外交通系統研究」（74 年 3 月）為藍本 11。本計畫

---

9 中興新村建設始於民國 44 年，請參閱第十章註一七。

10 林口新市鎮開發計畫，係以緩和台北都會區都市人口過度成長之壓力，並作為自足式新市鎮開發建設之示範為開發目標，總計開發面積約 1,322.45 公頃，預定自民國 68 年起，二十年內分四期陸續開發完成。本計畫早在民國 58 年台灣省政府奉令成立林口新鎮開發處，擬採區段徵收方式辦理，其後因土地取得困難，次年行政院指示林口特定區之開發繼續進行，惟改由省府循公布都市計畫，以實施平均地權方式，依工程收益費徵收條例之規定辦理，60 年，撤銷開發處，64 年前公共工程局（住都局前身）擬定林口特定區開發計畫，至 68 年始付諸實施。

11 有關林口新鎮運輸系統研究請參考住都局「林口新鎮連外道路開闢計畫」，交通大學「配合林口新市鎮開發之連外交通系統研究」兩研究報告，各審議研究員意見請參閱台灣省政府經動會 74.11.22 經建字第四八一三號函。

於 74 年 11 月 6 日，由省經動會召集審查時，筆者奉派參與審查，所提之意見如次：

1. 本計畫主要為林口新鎮現有聯外道路之拓寬改善，依計畫書可知未來林口新鎮之發展主要繫於台北都會區及桃園市二都市聚落所能提供之各項就業機會及休閒人口，故其聯外道路之拓寬改善應以促進林口新鎮與此二都市之可及性為主要目的，審視計畫書所獲之結論亦可得到相同之印證，為促進林口新鎮之開發，本計畫自有其需要。

2. 計畫書中未來交通量之預測所引用之資料僅為交通大學於 74 年 2 月所測得之交通量，其預測之方法及模式均未提及，預測之信賴度亦未述及，顯示本計畫在預測方面似有欠缺，所預估之 78 年交通量缺乏說服力，建議再多方蒐集資料予以補充。

3. 林口新鎮在開發構想中，究屬自足性或半自足性之性質，計畫書中亦未提及，連外道路所承載之交通流量與新鎮之性質關係甚大，此點請加以考慮。

4. 本計畫之財源籌措方案所稱道路兩旁多為山地且屬保護區或農業區，不宜開徵工程受益費，惟林口新鎮連外道路乃為開發新鎮之必要建設，似宜併入開發成本中，由林口新鎮之居民負擔部分工程建設費用，不宜全由政府負擔。

5. 林口新鎮連外道路開闢計畫之建議開發順序，與住都局委託交通大學研究之「配合林口新市鎮開發之連外交通系統研究」之結論稍有不同，請補充說明。

6. A8 道路係聯絡中正運動公園至台一號道路，主要係供中正運動公園將來開放使用之交通需求，其政策上的考慮大於林口的自然發展需求，自應列為第一優先，惟其經費建請中央全額補助三分之二。

7. A10 道路聯絡國宅社區至泰山、新莊、板橋，為國宅社區主

要出入道路之一，國宅社區與林口其他工廠社區的居民，其就業地點可能稍有不同，倘其主要在台北市就業，可利用高速公路達到目的，不一定要優先開闢 A10，倘國宅社區的住戶主要就業地點在泰山、新莊等地則有必要優先開闢 A10。

8. A1 主要聯絡工二與泰山之間，是以貨車等重車行駛為主，由今天的實地觀察大概可以看出 A1 的交通量較 A10 多出很多，其優先性應與 A10 等量齊觀，建請提升 A1 的優先性。

9. 第 9 頁的評點有−1、0、1 三項標準，由於「負」影響可能使讀者誤解，建請更改為 1、2、3 等級，較易使人明白。

CHAPTER 12

政府計畫規劃方法

行政計畫的概念

㈠行政計畫的定位

　　政府機關所做的任何規劃，包括中長程計畫、施政計畫、經建計畫、科技計畫等等，皆為政府計畫的範疇，也是廣義行政計畫的範疇，行政計畫本為行政機關遂行機關任務、達成機關目標的正當作為，通常屬於行政機關的單方面意志表達；這種「意志表達」在法制國家通常必須受到一般法律原則的拘束。民國 88 年 2 月 3 日總統公布行政程序法[1]，將行政計畫納入行政程序之一，依據該法第 2 條規定，本法所稱行政程序，係指行政機關作成行政處分、締結行政契約、訂定法規命令與行政規則、確定行政計畫、實施行政指導及處理陳情等行為之程序。因此，行政計畫擬定之後的合法化過程，成為行政計畫能否成案，付諸實現的重要關鍵，而行政程序法也成為行政計畫的基礎法律。這樣的改變，使得原來屬於「大略對準」即可的行政計畫，必須更加要求「精確對準」。

　　揆諸行政程序法的公布實施，主要在求行政行為的公正、公開與民主的程序，確保行政機關依法行政，藉以保障人民權益、增進行政效能及人民對政府的信賴。行政法學的一般法律原則，包括：明確性原則、平等原則、行政自我拘束原則、禁止恣意原則、比例原則、誠信原則、信賴保護原則、有利不利均應注意原則、正當行使裁量權原則、禁止不當連結原則等等，也都成為行政計畫必須考

1　行政程序法於民國 88 年 2 月 3 日公布後，89 年 12 月、90 年 6 月、90 年 12 月曾多次修正相關條文。

慮的原則。

(二)行政計畫的涵義

何謂行政計畫？依據行政程序法第 163 條規定，所稱行政計畫，係指行政機關為將來一定期限內達成特定之目的或實現一定之構想，事前就達成該目的或實現該構想有關之方法、步驟或措施等所為之設計與規劃，均屬之。這是採用廣義的行政計畫定義。通常行政計畫一詞的涵義有廣義、狹義之分，廣義的行政計畫是指政府部門所推行的政策、方針、計畫、方法、步驟、措施，所有遠程、長程、中程或短程的目標，方案都包括在內。狹義的行政計畫專指有別於科技計畫與經建計畫，而由行政機關依一定之程序所擬定的施政計畫而言，所有長、中、短程計畫均包括在內；另有一種最狹義的行政計畫，則專指行政部門的「年度施政計畫」而言，包括施政方針（綱要）、施政計畫先期作業、計畫項目及歲出概算、施政計畫、預算等。一般通稱的施政計畫僅指前述各項中的「施政計畫」一項，亦即各階層的政府部門每年度開始前所完成的施政計畫文件；在行政院則稱之為「行政院××年度施政計畫」，在台北市政府則稱之為「台北市政府××年度施政計畫」，此一文件，可說是一個「年度行政工作計畫」的性質。

(三)行政計畫的種類

行政計畫的種類樣式極多，有屬於行政作為而對人民不具有拘束力的計畫，如各種短中長程經濟計畫或科技發展計畫；有屬於行政內規、對人民權利義務並沒有明顯拘束效果的計畫，如交通的系統計畫、地政資訊計畫等等；有屬於必須經過立法部門通過才能實施的法律草案，如機關的年度預算；有屬於自治規章，對人民權利義務也會發生一定效果的計畫，例如依法發布的都市計畫；也有屬

於對於特性對象的權利義務發生效果的行政處分，例如市地重劃、區段徵收等等。

㈣施政計畫的編訂

提升政府服務品質，必須建立在有效治理與合作治理之上。在現今政府普遍面臨財政短絀、資源相對稀少、人民需求相對不斷增長之下，有效治理與合作治理成為新思維之一，在此考慮下，政府應對核心業務與非核心業務加以思考，儘量扮演導航角色，重新思考公共服務的意義。

中華民國憲法第 57 條第 1 項規定：行政院有向立法院提出施政方針及施政報告之責。又根據「政府各級預算編製與國家建設計畫配合實施辦法」第 9 條規定：中央政府各機關應依照施政方針擬定施政計畫，具體載明計畫名稱；預期成果或預計效益、實施要領及完成方法，以及所需經費概數來源與計算根據等，於每年 8 月底以前呈送主管機關核轉行政院，其管有收入之機關，並應編具收入報院。又依預算法第 2 條前段規定：各主管機關依其施政計畫初步估計之收入，稱概算。由此可知，行政機關之施政計畫至為重要。行政院為使所屬各部會處局署及省（市）政府年度施政計畫之編審作業有統一之準據，特於民國 70 年 10 月訂頒「行政院年度施政計畫編審辦法」一種。依據編審辦法，年度施政計畫包含兩部分，一為施政方針，另一為施政計畫。

每年度開始前，行政院審度國內外情勢，並衡量總資源供需趨勢與國家建設需要，策訂年度施政方針（簡稱施政方針），呈報總統核定後，分行各機關作為釐定年度施政計畫（簡稱施政計畫）之依據（行政院年度施政計畫編審辦法第 2 條）。行政院各部會處局署依據施政方針及相關之長中程計畫，從事施政計畫先期作業；依據施政計畫先期作業，編製計畫項目與歲出概算；依據行政院核

定之歲出額度，編定施政計畫（行政院年度施政計畫編審辦法第 3 條第 1 項，第 4 條前段）。

(五)行政三聯制

我國行政機關操作行政計畫的原理，主要依據「行政三聯制」，行政三聯制就是計畫、執行、考核，為民國 29 年 12 月國民政府蔣委員長在重慶中央訓練團的一篇讀講詞，其計畫、執行、考核的循環關係如本書第二章前圖 2-2 所示。計畫是行政三聯制的第一部分，行政三聯制是行政管理哲學與行政管理實務的結合，所以行政計畫是行政三聯制中「計畫」最主要的部分之一，廣義的說，行政計畫就是行政機關的施政計畫，行政計畫在本質上，不同於經濟計畫或國防計畫，其成敗不易立刻顯現出來，往往需經多年的不斷努力，才能表現出來，但其影響卻是非常深遠。甚至可以說，行政計畫是行政革新的重要手段，它的重點不是零星、雜亂的各別計畫，而是各個計畫之間有一個大的原則，使計畫與計畫間彼此聯繫協調，而有輕重緩急之分，才能使有限的資源做合理的分配與運用，才能避免彼此發生矛盾衝突或重複浪費的毛病，也才能發揮協調一致，同步建設的效果，促使行政的現代化。

(六)行政計畫的特性

一個有效能政府，任何施政必須深謀遠慮，有前後照應的遠大計畫，有籠罩全盤的建設藍圖 [2]。因此，政府施政首先要講求計畫性，任何的工作要依據計畫來執行，而決定計畫之前，更要詳細審度是不是切合民眾的利益，是不是有真切的重要，有沒有和相關的計畫相配合，尤其是有沒有和政府全面的政策相配合，這也就關係

---

[2] 蔣經國總統於民國 61 年 11 月 21 日對行政院所屬各部會談話。

到計畫的整體性和連貫性[3]。

其次是整體性，所謂整體性，即地方行政在上級政府的督導之下，發揮地方自治的功能，不僅鄉鎮與縣市之間，縣市與鄰近縣市之間，乃至縣市政府和中央政府之間，其計畫作為，都要有全盤的著眼，縱的政策貫徹和橫的聯繫協調。

最後是連貫性，所謂連貫性，就是說，一切地方行政都是為了建設地方，造福民眾的，所以各個階段的重要政策和計畫，無論是長程的、中程的、近程的，都有其持續性，因此在任期之內，要能盡力使之配合，使之銜接，使之完成，使之發生長效大用。

㈦行政計畫的功用

政府機關的施政措施，通常是多種行政計畫併行，互相關聯，密不可分，不但要講求橫的協調，也要求縱的連貫。所以行政機關在擬訂或修訂計畫時，必須注意上下的掛鉤，也須注意到相關計畫的執行內容及執行進度，如此才能發揮行政計畫應有的功能。行政計畫的功用，主要有下列各項[4]：

　　1. 對機關平時施政活動，予以有系統的組織與指導。

　　2. 使計畫與資源密切配合。

　　3. 使計畫與預算能持續配合執行。

　　4. 使政府長程或中程計畫目標得以貫徹。

---

3 蔣經國總統於民國 66 年 12 月 10 日在台灣省第八屆縣市長當選人座談會上講話。

4 參見行政院研究發展考核委員會編印：行政計畫之理論與實務。第 75 頁。民國 72 年 5 月出版。

綜合規劃的概念

(一)綜合規劃的意義

政府施政計畫，非常強調「綜合」的概念，而所謂綜合規劃（Comprehensive Planning）源起於第二次世界大戰後的系統規劃。「綜合」的意義在第一章中已述及。一般言之；綜合規劃特別重視綜合（Synthesis）、調合（Reconciliation）及整合（Integration）的觀念，什麼是綜合規劃呢？

魏鏞博士認為[5]：「綜合規劃的意義在於對一國政策的制定，應該做全盤的考慮，要同時從政治、經濟、國防、文化、及社會各方面的觀點來決定政策及擬定計畫。綜合規劃包括時、空兩方面；在時間方面要有『中』、『長』程的眼光，而不只是『近』程的計畫；在空間方面，要考慮到各項政策相互之間的連貫性，要做到彼此配合與支援，而非互相的排斥與抵銷。從系統分析的觀點來看，『綜合規劃』是根據民意，審度財源，制定各項計畫與政策，並訂定進度加以執行，其結果是提供各種福利及服務，以滿足人民的需要。」曹正博士認為[6]：「綜合規劃在內涵的結構上是以規劃學的『方法論』為骨幹，綜合各項科學以解決一中心問題或完成一理想，如將綜合規劃應用到國策的制定上，其目的，積極上是求社會的均衡發展，在消極上是防止以偏概全的現象，亦就是不要為解決

---

[5] 參見魏鏞：綜合規劃與中長程計畫。原文載於研考通訊第 2 卷第 5 期。民國 67 年 5 月。

[6] 曹正：民生經濟與科技發展的新方向——論綜合規劃（上、中、下）中央日報專論。民國 66 年 7 月 7-9 日。

一問題或完成一理想而造出了許多其他的問題，則此問題的解決辦法是沒有任何價值的。為了要達到綜合規劃的目的，就必須要由不同所學的專家們所組成的團體（Multidisciplinory Team）來執行。」

㈡綜合規劃的科際整合

綜合規劃必須是科際整合，它往往須羅致一群專才來從事規劃，以地域計畫的綜合規劃而言，在不同的規劃階段須有不同背景人士的參與，始能完成，如圖 12-1 所示。

中（長）程計畫的概念

㈠中（長）程計畫的意義

長程計畫係對較長遠的未來（通常在行政機關是指七年以上的計畫），提出具有前瞻性的政策架構，並因應長期發展變化而設計的未來發展計畫。

中程計畫則係針對較可預見的未來（通常為二至六年），針對長程計畫所訂的目標、政策及策略做詳細的分析後訂定之，在我國行政機關現階段中長程計畫的發展過程中，中程計畫為主要的形式，因長程計畫不易策定，且一般行政機關對於預測技術未盡熟稔，精省前的台灣省政府、台北市政府、高雄市政府均已策定有四年或六年的中程計畫，台灣省各縣市政府亦大多訂有中程計畫，將來隨著電腦的大量使用必然增強行政機關的預測能力，從而促進長程計畫的發展。

圖 12-1　規劃及發展程序各階段之主要工作人員、協同工作人員

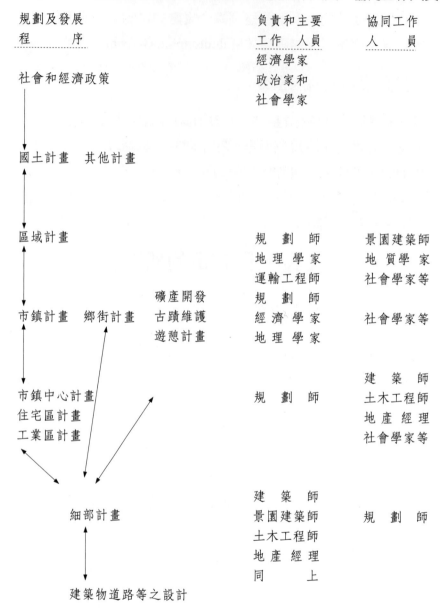

規劃及發展 程　　　序		負責和主要 工作　人員	協同工作 人　　員
		經濟學家	
社會和經濟政策		政治家和 社會學家	
國土計畫　其他計畫			
區域計畫		規　劃　師 地 理 學 家 運輸工程師	景園建築師 地 質 學 家 社會學家等
市鎮計畫　鄉街計畫	礦產開發 古蹟維護 遊憩計畫	規　劃　師 經 濟 學 家 地 理 學 家	社會學家等
市鎮中心計畫 住宅區計畫 工業區計畫		規　劃　師	建　築　師 土木工程師 地 產 經 理 社會學家等
細部計畫		建　築　師 景園建築師 土木工程師 地 產 經 理 同　　　上	規　劃　師
建築物道路等之設計			

資料來源：錢學陶：都市計畫學導論。第 81 頁。民國 67 年 8 月。

(二)策定中（長）程計畫的方法

各縣市政府為了發揮施政效能，滿足民眾需要，自民國 71 年起分別訂頒中長程計畫作業手冊、要點或須知，以應實際作業需要，對於經濟性及非經濟性之計畫均應訂定中程計畫。圖 12-2 表示當時地方政府中（長）程計畫作業流程。其策訂步驟大致如下：

1. 建立完善的建設目標體系。
2. 依照分目標訂定中程或長程計畫單元。
3. 就問題進行詳實的個案分析。
4. 擬定兩種以上的備選方案。
5. 分析備選案的可行性並評估其效益。
6. 選定一最佳方案，據以擬定長程或中程計畫詳細內容及分年實施步驟。
7. 評審及核定。
8. 執行及檢討。

(三)建設目標體系的建立

1. 目標的意義

目標是一種理想狀況的陳述，是未來行動的鵠的，也是一切政策、策略、規劃、方案、措施、預算的依歸。所以「只要有了正確的目標，有了科學的組織，才能把定任務，每一成員才能有其理想、抱負和工作權責，目標一經確立，一切計畫、一切作為、一切力量都要朝這個目標集結統合，並為此一目標徹始徹終去奮鬥[7]。」

7　蔣中正：科學的道理續編。蔣總統言論選集下冊。第 64 頁。民國 59 年 9 月。

2.目標設立的依據

行政機關所設定的目標應含有「未來」、「行動」、「認同」三項特色，其設立大抵依據下列四項：

(1)機關的主要職掌及基本任務。

(2)機關首長的意志觀念。

(3)法令及政策的要求。

(4)社會環境變遷的需求。

3.目標體系的階層性

由於目標係對未來理想狀況或結果的陳述，有些理想模糊而不明確，有些理想則具體而明確，於是產生上下緊密相關的目標層次網。即高層次目標表達一般性或總體性的期望，低層次目標則表達較明確可行而具體的導引。高層次目標概括廣泛，抽象程度亦較高，低層次目標涵蓋面較狹，但較具體。高層次目標是低層次目標的方向指引，低層次目標則是高層次目標的具體展現。目標由高層次向低層次延伸，而有總目標、主目標、分目標及支目標的區別，或區分為：目標（Goal）、標的（Objective）、標準（Standard）、準則（Criteria）等。

4.目標體系的建立

一個健全完善的計畫目標體系，往往很難建立，因為計畫師很難充分獲得各項目標的資訊，而有關單位的職掌往往互相重疊，甚至含糊不清，但建立一個合理可行的目標體系仍有必要，例如精省前台灣省政府的建設目標體系，自民國71年11月府會通過後頒行，73年11月府會通過目標體系修正案[8]，修正之原則主要有三：

(1)包含主席的主要省政建設構想。

(2)主目標及分目標均需緊扣「建設台灣省為三民主義模範省」

---

8 民國73年11月19日台灣省政府委員會第1,728次會議記錄。

的總目標,具體展現出三民主義模範省的倫理建設、民主建設及經濟建設的內涵。

(3)必須充分反映省府各單位的業務執掌,同時對省府中程計畫、施政綱要及施政計畫亦須相互配合。

㈣策訂中(長)程計畫單元

行政機關所擬定的計畫如以期間的長短來分,有長程、中程及短程計畫,中程計畫係相對於長程發展計畫與短程執行方案而言,因此中程計畫旨在溝通長程發展構想與短程行動計畫年度施政計畫,使政府部門未來各項施政均能循整體性、系統性及持續性的發展。它的消極意義是要使算分配合理化,積極的目的則是在使政府施政有其重點及軌跡可循。中(長)程計畫單元在基本上是依據前述目標體系中的分目標而來,當然它也可以有自己的計畫目標(可視為分目標下的支目標)。

㈤個案分析並擬定備選案

確定中(長)程計算單元後,必須針對計畫所欲解決的問題或所欲達成的目標進行詳實的個案分析,包括問題狀況分析研判及目標分析兩種,最後根據個案分析結果再釐訂備選方案,如僅有一種方案而無其他替代方案時,亦應詳述理由予以說明。

㈥可行性評估

可行性評估包含的範圍甚為廣泛,一般至少包括以下四項:

1. 政治可行性(Political Feasibility)。
2. 行政可行性(Administrative Feasibility)。
3. 技術可行性(Technical Feasibility)。
4. 經濟或財務可行性(Economical or Financial Feasibility)。

㈦方案選定並擬定分年實施步驟

依據前述可行性評估結果，選定一最佳方案來擬定中（長）程計畫之詳細內容及分年實施步驟，並依據分年實施步驟來研擬中（長）程計畫財務方案及第一年實施計畫之各項費用明細表，同時進一步的與其他計畫的第一年執行項目相比較，議擬第一年的執行項目優先順序建議。

㈧評審、核定與執行檢討

業務計畫單位在完成以上程序後，一個完整的中（長）程計畫報告書便告完成，中（長）程計畫書編製完成後，送主管機關進行初評，並連同初評結果送省府審議，審議完成後，各業務單位便可依據審議的最終核定結果來編製未來一年度的施政計畫及年度概算，付諸實施。執行經年後，須將執行成果加以檢討，以為下一階段或下一年度擬（修）訂計畫的參考。

計畫與預算的配合

㈠計畫與預算的關係

計畫（Plans）與預算（Budgets）是一體的兩面，甚至可以說預算是計畫的數字表示，兩者關係極為密切。先總統蔣中正先生在「行政的道理──行政三聯制大綱」中說[9]：

「我在提出設置中央設計局的案由上，對於中央設計局仍有

---

9 同註七。第308頁。

『由中央計局主持預算之審定，使計算與預算不致分離』的說明。
……。現在有許多主管官不明白這個道理，往往先把計畫給我批
示，並不附列預算，這種辦法有兩種毛病，第一種是其計畫也許是
對的，但是一時無此財力人力去舉辦，而又不去想出分期辦理的辦
法，使我要為他們重新考慮，多一道麻煩，或者我稍為疏忽，先行
批准計畫，然後他們才將預算送來，設或預算太大，便不能實施；
或者使我前後批文不能相同，這都是中國主管官不守常規，不懂計
畫與預算聯繫的原理。第二種毛病，就是在不知預算與計畫均有年
度的限制的，這一星期送一計畫，下一個月送一計畫，小則破壞預
算與計畫的完整性，大則缺乏全盤的考慮，即所謂整個計畫無法製
成。這種事情，用於臨時發生的事則可；通常如此，則是不明白計
畫完整性所致，這實在是不可以為法，希望各級主管官多為留意。

　　上面已經說明計畫與預算聯繫的道理，但是還要進一步去研
究，到底如何去聯繫呢？就是要有控制預算的方法。我們各級政府
不是沒有預算，不過大都不懂得控制預算的道理。現在編造預算的
方法是如何呢？就是把各級的概算加減起來，使收支適合為止，這
並不能明顯的表明我們的政策所在。以後要做計畫政治或計畫經
濟，那就要依據現在的抗戰建國綱領，分別緩急，指定每年度的中
心工作，由此中心工作將歷年來的預算作成百分，如教育占預算百
分之幾，內政又占百分之幾等；然後詳細研究本年度應注重者何
事，廢置者何事，而增減預算的百分比。由整個預算的百分比，就
可以看出我們的政策何在？我們的行政重心何在。沒有預算的百分
比，簡直就是一盤爛帳，愈看愈糊塗，每年度的預算，我們就無法
看得清楚，也無法把我們的計畫實現出來。以後中央方面，應由中
央設計局經過詳細調查研究之後，製成各部門預算的總百分比，並
說明其理由；各部門應依照這個百分比及年度中心工作編造概算，
再送中央設計局審定，以免重複浪費之弊。在中央方面我自己一定

要看預算的百分比及各部門的中心工作，在各地方當局，如省主席、縣長亦應比照辦理，不可各由廳、局、科自己去代擬代行，使變成科員政治的毛病，如各級行政長官都能照此辦理，政治才能走入正軌。」

　　這段話對「計畫與預算的關係」闡述的非常透徹，總之，計畫之擬定必須依據預算的支援能力，預算之編製應遵循計畫概定的需求。亦即：計畫指導預算，預算支援計畫。

「有很好的規劃，還必須有完善的財務方案，以及優良的執行效率，才能逐步完成計畫目標」

(二)預算制度簡說 [10]

1. 傳統預算制（Conventional Type Budgeting System）

傳統的預算制亦即費用預算制，乃是以一固定的標準來分配預算總額，並不注重施政績效，亦無施政計畫可言，政府部門只知道用多少錢，不知道做多少事，其結果未能把計畫和預算相連貫，容易產生浪費公帑之弊。

2. 績效預算制（Performance Budgeting System）

績效預算制乃是以施政績效為導向的預算制，我國自民國 53 年度起，由美國引進。本法特別重視產出效果，講求施政計畫與公共支出相互配合，以提高經濟效能與工作效率。由於機關競相表現其績效，容易產生本位主義，欠缺相互配合協調的精神與長程整體的觀念。

3. 計畫、方案預算制（Planning-Programming Budgeting System）

計畫方案預算制乃是以計畫為導向的預算制，為美國國防部於 1916 年創立，我國自民國 68 年起，為改進績效預算制的缺點，逐步推行計畫、方案預算制。本法特別重視長程與整體的觀念，應用系統分析（System Analysis）、作業研究（Operation Research）等管理科學技巧，以整體性目標為前提，藉以打破各別機關間的本位主義，對資源作經濟有效的分配、利用。

4. 零基預算制（Zero-Base Budgeting System）

零基預算制是以「零」為編制預算基礎的制度，亦即不管往年預算額為若干，一切從零開始。每一項業務計畫所列經費均須預估其效益，並排列優先順序，以為編制預算之依據。

---

10 羅子大：零基預算制度理論與實務。作者印行。民國 70 年。劉朝明：政府預算管理概要。台灣省訓練團。72 年元月。

㈢經濟政策及其工具

經濟政策是指政府採取一定措施，以達一定的經濟目標之謂也，亦即政府採取各種措施，以影響構成有效需求之四大因素（消費支出（C）、國內投資支出（I）、政府支出（G）、國外淨投資）而達成經濟安定之目標，一般而言，經濟政策之工具有三：(1)財政政策（Fiscal Policy），(2)貨幣政策（Monetary Policy），(3)管制（Contro）。其中的財政政策是指政府財政活動或預算政策之運用，一般常見之財政政策有三種思潮：

*1.*健全財政思想（Sound Finance）──1930年代以前，政府財政活動僅是政府為執行公務，對所需經費的取得、管理、支配，除此之外，無其他目的，政府財政，不同於其他私人財務，不以盈餘為目的，亦不應出現赤字，故政府財政原則，應量入為出，保持每年預算之平衡，此種思想即為健全財政之思想。

*2.*補償財政思想（Compensatory Finance）──在經濟繁榮時期，將社會過多的有效需求，以預算上的盈餘型態加以凍結。在經濟蕭條時期，因社會有效需求已經減少，為避免經濟緊縮現象之出現，必須減少稅收，增加財政支出，以增加預算上的赤字，亦即用赤字的型態增加社會有效需求，企業經濟的恢復就整個經濟循環週期而言，可用繁榮期之盈餘，以抵銷蕭條期之赤字而仍保持預算不一定要保持平衡。

*3.*權衡性財政（Discret Ionary Finance）（思想）──強調（隨機制宜）其重點有三：(1)調整稅率；(2)變動政府支出數量；(3)困境A.對未來經濟局勢之演變很難做正確之推斷B.即能預側，亦難以掌握時機乃因（i）體認（recognition lag）（ii）決策（decision lag）（iii）執行（execution log）（iiii）效驗（impact lag）遲緩。

㈣預算之盈餘或赤字對充分就業之影響

　　預算之盈餘或赤字主要有二種原因：(1)經濟情況之變動；(2)政府政策之變動，政府政策的變動，經常表現在政府總預算之上，經濟情況之變動則表現在國民所得與經濟活動之上，如圖 12-2 所示。

　　A 曲線表示政府政策的變動，B 曲線表示經濟情況之變動。在同一曲線上兩點之移動表示政府財政政策不變，國民所得變動之影響，在不同曲線上兩點之移動表示政府財政政策之改變引起之變動，兩條曲線與基準成之缺口即表示預算之盈餘對充分就業之影響程度。而租稅與所得水準之關係為：

$$Y_0 = Y - T \quad Y_0 可支用所得，T 為租稅$$
$$Y = C + I \quad Y = a + bY_0 + I_0$$
$$C = a + bY_0 \quad = a + b(Y - T) + I_0$$
$$Y_0 = Y - T \quad = (a - bT_0 + I_0)$$
$$T = T_0 \quad 設 T_0 = 0$$
$$I = I_0 \quad Y = (a + I_0)$$

圖 12-2　政府政策與經濟活動對國民所得之影響

政府政策／國民所得

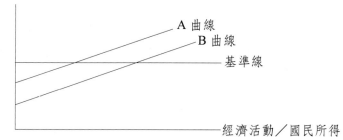

$$Y'/\Delta T \qquad Y + \Delta Y = (a - bT_0 + I_0)$$

$$Kt = -b/(1-b) \quad (此即租稅乘數 KT)$$

而 $1/(1-b)$ 為預算（財政支出乘數）KG。

政府為促進所得作一定數量的變動，可同時增加財政支出與租稅收入以達成，此一乘數稱為保持預算平衡之乘數。

$$KB = KG + KT = (1/1-b) + -b/1-b = 1$$

分期發展計畫

㈠分期發展計畫的重要性

如前所述，計畫是為達成未來目標所做的一系列理性的決策，所以計畫必須要有長程性、前瞻性、整體性與連貫性。基本上，計畫理想的實現並非一蹴可成，往往必須衡量主客觀情勢、先後緩急，特別是財務與預算的能力而定期實施之步驟與順序。可以說，計畫是預算的根據，而預算則是計畫表現，兩者如鳥之兩翼，車之兩輪，不可偏廢。二次大戰結束後，我政府開始推動計畫與預算的整合制度，當時擔任總統的蔣中正曾說[11]：「我在提出設置中央設計局的案由上，對於中央設計局仍有『由中央設計局主持預算之審定，使計畫與預算不致分離』的說明。……。現在有許多主管官不

11 蔣中正：行政的道理——行政三制大綱。民國 29 年 12 月 1 日講。可參考：
蔣總統言論選集。中興山莊。59 年 5 月。

明白這個道理，往往先把計畫給我批示，並不附列預算，這種辦法
有兩種毛病，第一種是其計畫也許是對的，但是一時無此財力人力
去舉辦，而又不去想分開辦理的辦法，……。第二種毛病，就是不
知預算與計畫均有年度的限制，……不明白計畫完整性所致。

　　計畫若不能與預算配合，則計畫往往託諸空言；計畫若不能與
時間配合，往往使計畫坐失良機，而如何使計畫、時間、預算三者
相合呢？便必須依靠──分期辦理的完整性計畫。分期發展計畫基
本上是計畫項目與資源預算的時程安排。分期發展計畫須顯示計畫
在各年度所需完成的工作項目及財務方案的配合情形。

　　我們政府不是沒有預算，不過大都不懂得控制預算的道理。現
在編造預算的方法是如何呢？就是把各級的概算加減起來，使收支
適合為止，這並不能明顯的表明我們的政策所在。以後要做計畫政
治或計畫經濟，那就是要依據現在的抗戰建國綱領，分別緩急，指
定每年度的中心工作，由此中心工作將歷年來的預算成百分，如教
育占預算百分之幾，內政又占百分之幾等；然後詳細研究本年度應
注重者何事，而增減預算的百分比。由整個預算的百分比，就可以
看出我們的政策何在，我們的行政的重心何在？」

　　這段話說明計畫與預算聯繫的方法。事實上，長程、中程、短
程計畫各有其重要性，必須密切配合，才可成事功。分期發展計畫
無疑的提供一配合性的計畫，它不僅使長程、中程、短程計畫連結
成一不可分之整體性計畫；同時，它亦提供計畫與預算配合、聯繫
的指導性架構。由此可知，分期發展計畫不僅可避免各期程計畫間
的矛盾，也可以避免由於計畫的不夠確實而導致大量追加預算或造
成巨額赤字的後果。

㈡分期發展計畫的意義

分期發展計畫是為了促進各項施政建設的健全發展，資源的有效利用，而將其行政範圍內的各項投資和設施，依據財力及實際發展需要，將計畫內容或項目，分別規定發展優先次序及時序的一種計畫控制。分期發展計畫內若亦安排空間開發的順序，則稱之為分期分區發展計畫或資產改進方案（Capital Improvement-Program）。我國都市計畫法亦有類似規定 12。

分期發展計畫提供政府部門「何事 what」、「為何 why」、「何人 who」、「何處 where」、「何時 when」以及「如何 how」興建公共設施或投資公共支出的決策依據，可以說是計畫本身與實際建設間的重要橋樑，是理想的逐步實現方法。

㈢分期發展計畫與財務方案

財務方案是根據計畫所建立目標，依優先順序估計所需的成本或資本來研擬籌措的方法，分配原則，償還計畫俾有效達成計畫目標的一系列作為。其目的在使分期發展計畫無論在何時點皆足以健全的財務基礎來支持計畫的實現與目標的達成。所以財務方案可以說是實現計畫的具體保證。它同時也構成分期發展計畫的一部分。基本上，分期發展計畫應包括公共投資的遠程、近程及年度的財務方案，在消極上避免不適當的公共支出，在積極上則開創公、私部

---

12 我國都市計畫法第 17 條規定：主要計畫之實施進度，應就計畫地區範圍預計之發展趨勢及地方財力，訂定分區發展優先順序。第一期發展地區應於主要計畫發布實施後，最多二年完成細部計畫，並於細部計畫發布後，最多五年完成公共設施。其他地區應於第一期發展地區開始進行後，次第訂定細部計畫建設之。內政部並依都市計畫第 17 條規定，訂有都市計畫分區發展優先次序劃定原則一種，以資遵循。

門健全發展的途徑[13]。

㈣分期發展計畫的功用

分期發展計畫提供配合性的工具性計畫，使長程、中程、短程計畫緊密聯繫、整體運用，也使有限的資源在特定的時、空環境中做最有效的配置使用，圖 12-3 顯示分期發展計畫與財務方案關係圖，具體的說，分期發展計畫具有以下的功用：

1. 適時投資，以配合各項建設的需要，並確保計畫項目為地方政府經濟能力所能及。

2. 維持健全的財務基礎，使地方發展能在有效控制下進行。

3. 透過每年的計畫作為，穩定地方就業需求。

4. 透過分期發展計畫，對上級補助款可做較佳的利用。

5. 協助政府在預算編審時，採取較堅定的立場。

6. 便於相關單位提出配合方案，增進協調，減少浪費與衝突。

7. 提供私人團體對政府機構意向了解的機會，以便於私人團體做較健全的判斷。

8. 對人力、設備、資本做最佳的運用，並能適時徵購所需要的土地。

9. 有助於平衡的整體發展。

10. 可以避免私人團體對政府所施之不當壓力，或因公眾感情一時衝動而採取的魯莽行動。

---

13 同註十。

圖 12-3　分期發展計畫與財務方案關係圖

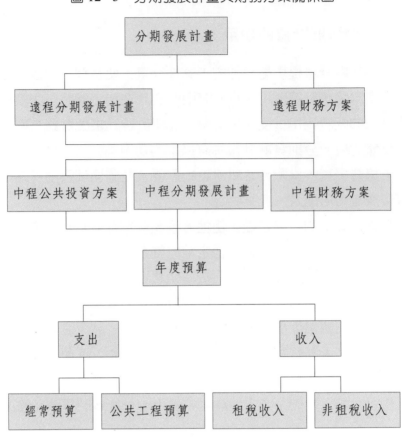

㈤研訂分期發展計畫的作業步驟

1. 投資項目清單與財務預估

分期發展計畫作業的第一步驟為準備所有可能的投資項目或工程項目的清單並包括財務的初步估計，清單中須列舉各單項成本的估計與其優先順序的初步鑑定。

2. 投資項目效益分析與優先順序的評審

投資項目清單完成後，次一步驟便是依政策計畫、長程發展需

求而賦予不同的優先順序。這些優先順序可以指明：

A 級——迫切性。

B 級——雖非迫切，但為目前所需要。

C 級——較不迫切，但適合目前投資。

D 級——可延緩性。

此等級可依實際需要予以調整，理論上，投資項目的效益分析，亦應註明該項目的可否分割，如果可以分割的情況亦需註明第一次投資額與其他歷次投資額之概估。

3.分期發展次序與財源籌措

分期發展次序說明計畫的執行進度，它是策訂分期發展計畫的第三步驟，首先須對財務能力與不同投資項目類別之關係加以調查；其次須對財源做進一步的分析：

(1)估計政府現在及將來的費用。

(2)估計政府每年的總收入。

(3)估計未來可用於計畫的財務能力。

(4)專案或專款可申請之額度。

(5)其他財源籌措方式的考慮，如：基金、發行債券、變產置產、徵收工程收益費等等均應加以衡量。

5.計畫分期實施之進度管制

分期發展次序決定後，一個分期發展計畫大致完成，餘下的便是進度管制，以防止當進度落後時的應變措施，如對某投資項目期或刪除，於檢討分期發展計畫時應將之敘明清楚。

㈥分期發展計畫與預算體制

在預算制度中，除了傳統的費用預算制（Conventional Type Budgeting System）僅注重逐年費用增減的比例，不計成效的高低，無論是績效預算制（Proformance Budgeting System）、設計畫預算制

（Planning-Programing-Budgeting System）或零基預算制（Zero-Base Budgeting System）均強調計畫與預算的密切配合。良好的預算制度有助於當局選擇較佳之資源分配，達成政府目標。應足以指出政府之基本目標、更具體的表現政府之計畫。適當的預期發展計畫可說是預算編列的基礎，它不僅以年度別來展現施政方針，指導當年度的預算編列。同時；它可以更進一步的指出未來財源成長的趨勢，以及這些成長由何處來，將來要配置在哪些的計畫項目，一般來說，分期發展計畫與預算體制的配合，可以經由兩種文件來完成：

　　1.多年期的分期發展計畫與財務方案的總表。

　　2.計畫備忘錄。

　　第一項的總表提供預算額度內決策的重要參據，它可以機關別展示計畫。第二項的計畫備忘錄乃在說明方案的特殊性，如何與民眾的需要相結合，方案的目標、成本與效益的估計、計畫中主要的不定因素及計畫對不確定因素的敏感性，這些說明將有助於預算編列評鑑。

行政計畫的確定與公開

㈠行政計畫的確定

　　行政計畫擬定之後，應經一定程序才能確定，此一程序稱為「計畫合法化程序」或「計畫確定程序」，不同性質的計畫確定程序常常須由不同的法律規範決定，如都市計畫必須依據都市計畫法、中央政府年度總預算必須依據預算法等等。通常計畫的確定程序，大致依循以下的步驟：

1. 計畫的擬定與提出。

2. 擬定計畫的公開。

3. 預告聽證。

4. 聽證。

5. 計畫的審議與決定。

6. 配套措施與保護措施的設計。

7. 計畫發布。

㈡行政計畫的公開

依據行政程序法第 164 條規定，行政計畫有關一定地區土地之特定利用或重大公共設施之設置，涉及多數不同利益之人及多數不同行政機關權限者，確定其計畫之裁決，應經公開及聽證程序，並得有集中事權之效果。

依據行政程序法第 107 條規定，行政機關遇有下列各款情形之一者，舉行聽證：第一是法規明文規定應舉行聽證者；第二是行政機關認為有舉行聽證之必要者。依據行政程序法第 55 條之規定，行政機關舉行聽證前，應以書面記載下列事項，並通知當事人及其他已知之利害關係人，必要時並公告之：

1. 聽證之事由與依據。

2. 當事人之姓名或名稱及其住居所、事務所或營業所。

3. 聽證之期日及場所。

4. 聽證之主要程序。

5. 當事人得選任代理人。

6. 當事人依第 61 條所得享有之權利。

7. 擬進行預備程序者，預備聽證之期日及場所。

8. 缺席聽證之處理。

9. 聽證之機關。

同時，依法規之規定，舉行聽證應預先公告者，行政機關應將前項所列各款事項，登載於政府公報或以其他適當方法公告之。聽證期日及場所之決定，應視事件之性質，預留相當期間，便利當事人或其代理人參與。

而依行政程序法第 58 條之規定，行政機關為使聽證順利進行，認為必要時，得於聽證期日前，舉行預備聽證。預備聽證的重點包括：議定聽證程序之進行、釐清爭點、提出有關文書及證據、變更聽證之期日、場所與主持人。同時預備聽證之進行，應作成紀錄。

主要參考文獻

一、中文部分

王濟昌：計畫的藝術。計畫經緯第 12 期。民國 77 年 6 月。

王斗明編譯：資料系統與實務。松崗電腦圖書資料有限公司。民國 72 年 2 月。

王子蘭：現行中華民國憲法史綱。台灣商務印書館。民國 70 年 6 月。

行政院研考會：行政計畫之理論與實務。行政院研考會。民國 72 年 5 月。

行政院研考會：行政計畫設計論文集。行政院研考會。民國 70 年 6 月。

行政院研考會：目標管理的概念與實務。行政院研考會。民國 61 年 月不詳。

行政院研考會：行政計畫作業論文集。行政院研考會。民國 70 年 12 月。

中華叢書編審委員會：國父遺教三民主義總輯。台灣書店。民國 58 年 5 月。

行政院：行政院年度施政計畫編審辦法。民國 70 年 10 月。

行政院經建會：計畫評估方法。民國 70 年 11 月。

行政院經設會都市規劃處：台灣地區區域範圍調整之研究。民國 66 年 11 月。

台灣省文獻委員會編：台灣省通志稿第 8 卷。民國 54 年 10 月。

台灣省政府研考會：台灣省政府中長程計畫作業手冊。民國 75 年 元月。

祁和福：應用迴歸分析。編者自印。民國 67 年。

何莉芸：影響我國政府一級會計主管採零基預算因素之研究。台大 商學研究所碩士論文。民國 69 年 6 月。

李朝賢：農村綜合發展規劃——南投縣農村地區綜合發展規劃之構

想。台灣經濟第 79 期。民國 72 年 8 月。

李瑞麟：政策計畫的研究。土地改革月刊。民國 68 年 12 月。民國 69 年 1 月。民國 69 年 3 月。

李瑞麟：如何讓人民參與都市計畫。中國論壇第 6 卷第 2 期。民國 66 年 4 月。

李瑞麟、錢學陶：南投縣竹山鎮綜合發展計畫。中興大學都市計畫研究所研究。民國 71 年 3 月。

李瑞麟：都市及區域規劃學。作者自刊。民國 68 年 7 月。

李金桐：財政學。五南圖書出版公司。民國 69 年 10 月。

李鴻毅：土地法論。三民書局。民國 65 年 9 月。

辛晚教：都市及區域計畫。中國地政研究所。民國 73 年 2 月。

何兆清譯：邏輯之原理及現代各派之評述。台灣商務印書館。民國 64 年 6 月。

吳堯峰：行政機關策訂中長程計畫的要領。台灣省政府研考會。民國 70 年 9 月。

易君博：政治理論與研究方法。三民書局。民國 77 年 5 月。

邢祖援：計畫理論與實務。幼獅文化公司。民國 69 年 8 月。

邢祖援：計畫週期作業方式與螺旋式規劃，研考月刊第 105 期。民國 74 年 11 月。

邢祖援：長程規劃。講稿。民國 73 年月不祥。

倪世槐：都市及區域系統規劃原理。民國 67 年 6 月。

周顏玲：人文區位學概念的發展史略。思與言第 10 卷第 2 期。民國 61 年 7 月。

林瑞穗：台北都會區的區位因素分析。台大社會學刊第 14 期。民國 69 年。

林將財：論分期分區發展計畫。都市與計畫第 2 期。民國 65 年 9 月。

林水波、張世賢：公共政策。五南圖書出版公司。民國 73 年 10 月。

洪鎌德：現代社會學導論。台灣商務印書館。民國 72 年 11 月。

徐韋曼譯：科學方法論（上、中、下冊）。台灣商務印書館。民國 64 年 5 月。

梁漱溟：東西文化及其哲學。虹橋出版社，民國 57 年 6 月。

許行譯：社會學方法論。台灣商務印書館。民國 73 年 4 月。

施建生：經濟政策。大中國圖書公司。民國 57 年 9 月。

茆美惠：影響台灣審計人員抽樣法因素之研究。政大企管研究所碩士論文。民國 67 年 6 月。

高雄市政府：市政中長程計畫作業實務。民國 71 年元月。

陳明杰譯：成本效益分析。台灣銀行經濟研究室。民國 69 年月不祥。

陳伯順：運輸系統影響都會空間結構之研究。中興大學都市計畫研究所碩士論文。民國 68 年 6 月。

陳小紅：時間預算研究。五南圖書出版公司。民國 71 年 8 月。

曹亮吉：微積分史話。科學月刊叢書。出版年月不祥。

曾國雄：多變量解析及其應用。華泰書局。民國 67 年 9 月。

曾國雄：多變量解析之實例應用。中興管理顧問公司。民國 69 年 3 月。

黃世孟：縣市綜合發展計畫與中程計畫整合之研究。台灣省研考會。民國 76 年 3 月。

黃景彰、黃仁宏：資料處理。正中書局。民國 68 年 9 月。

黃萬翔：台灣地區新市鎮土地開發方式之探討。中國文化大學實業計畫研究所碩士論文。民國 73 年 6 月。

張富雄：電子計算機程式設計。松岡電腦圖書資料有限公司。民國 73 年 1 月。

黃源銘：行政程序法釋義。編者自印。民國 88 年 7 月。

張德粹：土地經濟學。國立編譯館。民國 64 年 9 月。

楊維哲：微積分。三民書局。民國 71 年 8 月。

華昌宜：對台灣綜合開發計畫規劃中實質計畫之意見。行政院經合
　　會都市計畫小組。出版年月不祥。

劉玉山：電腦在都市及區域規劃上之應用。成大都市計畫系規劃
　　師。民國 69 年 6 月。

劉錚錚：都市經濟學選論。中興大學法商學院。民國 63 年 5 月。

喬育彬：台灣省政府行政機關組織型態之研究。法商學報第 19 期。
　　民國 73 年 7 月。

劉朝明：政府預算管理概要。台灣省訓練團。民國 72 年元月。

鄧憲卿：長中程計畫之特質與訂定過程。台灣省訓練團。民國 73 年
　　元月。

賴世培、丁庭宇、莫季雍：民意調查。空中大學。民國 89 年 10 月。

錢學陶：都市計畫學導論。茂榮圖書公司。民國 67 年 8 月。

楊國樞等：社會及行為科學研究法。東華書局。民國 64 年。

簡茂發：信度與效度。社會及行為科學研究法。民國 67 年。

蔣總統言論選集。中興山莊。民國 59 年 5 月。

趙捷謙：運輸經濟。正中書局。民國 67 年 10 月。

蔡勇美、郭文雄：都市社會發展之研究。巨流圖書公司，民國 67 年
　　8 月。

謝潮儀：計量方法與都市土地使用模型。茂榮圖書公司。民國 72 年
　　11 月。

謝潮儀、鍾起岱：都市空間結構理論簡介及其評估。中興大學法商
　　學報第 15 期。民國 69 年 6 月。

鍾起岱：都市居住空間模型之研究──以台北市為例。中興大學都
　　市計畫研究所碩士論文。民國 70 年 6 月。

鍾起岱：泛論計畫方案評估方法。研考月刊第 83 期。民國 73 年 1 月。

鍾起岱：策訂政策計畫的方法。研考月刊第 84 期。民國 73 年 2 月。

鍾起岱：縣政計畫的研究──綜合發展計畫與中（長）程計畫探

討。研考月刊第 87 期。民國 73 年 5 月。

鍾起岱：縣市綜合發展計畫與中（長）程計畫整合芻議——兼論空間系統與指導系統與指導系統設計。台灣經濟第 89 期。民國 73 年 5 月。

鍾起岱：因子生態模型的發展及其在都市分析的應用。台灣經濟第 93 期。民國 73 年 9 月。

鍾起岱：規劃的資料處理分析與預測。研考月刊第 91 期。民國 73 年 9 月。

鍾起岱：合理規劃方法及其應用。研考月刊第 96 期。民國 74 年 2 月。

鍾起岱：計畫方法學導論。新竹：楓城出版社。民國 74 年 12 月。

魏鏞：社會科學的性質及發展趨勢。台灣商務印書館。民國 71 年 11 月。

綜合規劃與中長程計畫。研考通訊第 2 卷第 5 期。民國 67 年 5 月。

羅子大：零基預算制度理論與實務。作者印行。民國 70 年。

二、英文部分

Andreas Faludi (ed.) (1973): A Reader in Planning Theory. London Kergman.

Andreas Faludi (1969): Planning Theory. London Yergman.

Alonso Willian (1964): Location and Land Use: Toward a General Theory of Land Rent. Cambridge Mass: Harvard University.

Alonso Willian (1960): A theory of Urban Land Maiket.

Anthony J. Catenese (1972): Scientific Methods of Urban Analysis.

Albort O. Hirschman (1958): The Strategy of Economic Development.

Anthony, N. Robert (1965): Planning and Control System: A Framework for Analysis.

Burgess, Ernest W. (1925): "The Grouth of City" In R. E. Park et al. eds.

The City Chicago: University of Chicago Press.

Burgess, Ernest W. (1929):" Urban Areas" in T. V. Smith and L. D. White, eds., Chicago: A Experiment in Social Rescarch, Chicago: University of Chicage Press.

Berry, B. J. L. (1973): The Human Consegnences of Urbanization London Mac Millar.

Bdtor (1960): The Questions of Government Spending.

Cattlell R. B. (1966): The Seree test for the Number of Factors, Multivariate Behaviorial Rescarch.

Chapin F., Sturt Jr. and Kaiser Edward (1979): Urban Land Use Planning.

Dixon, Keith (1986): Freedom and Eguality: the Horal Basio of Democratic socialism (London: Routledge & Kegan Paul).

Dror, D. Yeheshel (1963): The Planning Process: A Facet Design in I. R. A. S.

Frnest Greenwood (1945): Experimental Sociology.

Harman, Harry H. (1967): Modern Factor Analysis of Chicago.

Harris Chauncy D. and Ullman, Edward L. (1945): The Nature of Cities Annuals of American Academy of Political and Social Science.

Hoyt Homer (1939): The Structure and Grouth of Residential Neighborhoods. in American Cities, Washington D. C.: Frederal Howsing Administration.

Kaiser H. F. (1958): The Varimax Criterion For Analytic Rotation In Factor Analysis Psychometric. pp.187-200.

Kaiser H. F. (1960): The Application of Electronic Computer to Factor Analysis. pp.141-151.

Mac. Crimmon K. P. (1973): An Overvien of Multiple Decision Making.

Lichfield, Nathaniel (1966): Cost Benefit Analysis in Town Planning.

Lichfield, Nathaniel (1975): Evaluation in Planning Process Oxford: Pa Tgamon Press.

Lawson, Kay (1989): The Human Polity-An Introduction to Political Science (Boston: Houghton Mifflin Company).

Orwell, Geoye (1984): Modes of Thougbt Impossible (New York: New American Library).

Mcloghlim J. B. (1971): Urban and Regional Planning-A System approach.

Meier, R., chard L. (1962): Acommunihn cations Theory of Urban Grouth HIT. Press.

Melville C. Branch (1975): Uban Planning theory.

Michael P. Todaro (1977): Economic for a Developing World.

Millerson G. (1964): The Qualifying Assouiations-Astudy in Professionalization London: Keyan Paul.

Murray Eisenbery (1975): Topology. Holt Pinehart and Winston Inc.

Pagna Nurkse (1961): Problems of Capital Formation in Underdeveloped Country.

Pearcet D.W. (1971): Cost-Banifit Analysis.

Plano, Jack C. and Greenberg, Milton (1979): The American Political Dictionary.

Michael Lipton (1962): Balanced and Unbalanced Grouth in Undlerdevelopes Countries.

Richard S. Baxter (1976): Computer and Statistical Techniques for Planners. Methear & Co. Ltd. London.

Rosenstein-Rodan (1963): Notes on the Theory of the Big Push.

Rudner, Ricard S. (1966): philosophy of Social Science. New York: Prentice-Hall.

Rostow W. W. (1960): The Stages of Economic Grouth: A Non-communist

Manifests.

Rosenthal, Arthur (1951): History of Calculus. American Mathe metics Journal.

Singer, Hans W. (1964): International Development: Grouth and Change.

Steger W. A. (1950): Review of Analytic Technique for C. R. P.

Tenkins P. M. (1974): An Application of Linear Programming: Methodlogy for Regional Strategy Making.

Wilson, A. G. (1975):"Urban and Regional Model in Geography and Planning".

Ullman, Edward L. (1962): The Nature of Cities Reconsidered. Uniuersity of pemrsyluanier.

Welker, Melvin (1964):"The urban Place and Nonplace Urban Realm". Uniuersity of Pennsy Luanier.

Wingo, Lowdon Jr. (1961): Transportation and Urban Land. Washington D. C.

附錄：行政程序法（民國 90 年 12 月 28 日修正）

第一章　總則

第一節　法例

第 1 條　為使行政行為遵循公正、公開與民主之程序；確保
　　　　依法行政之原則，以保障人民權益，提高行政效能，
　　　　增進人民對行政之信賴，特制定本法。

第 2 條　本法所稱行政程序，係指行政機關作成行政處分、
　　　　締結行政契約、訂定法規命令與行政規則、確定行
　　　　政計畫、實施行政指導及處理陳情等行為之程序。
　　　　本法所稱行政機關，係指代表國家、地方自治團體
　　　　或其他行政主體表示意思，從事公共事務，具有單
　　　　獨法定地位之組織。
　　　　受託行使公權力之個人或團體，於委託範圍內，視
　　　　為行政機關。

第 3 條　行政機關為行政行為時，除法律另有規定外，應依
　　　　本法規定為之。
　　　　下列機關之行政行為，不適用本法之程序規定：
　　　　一　各級民意機關。
　　　　二　司法機關。
　　　　三　監察機關。
　　　　下列事項，不適用本法之程序規定：
　　　　一　有關外交行為、軍事行為或國家安全保障事項
　　　　　　之行為。
　　　　二　外國人出、入境、難民認定及國籍變更之行為。
　　　　三　刑事案件犯罪偵查程序。
　　　　四　犯罪矯正機關或其他收容處所為達成收容目的

所為之行為。

五　有關私權爭執之行政裁決程序。

六　學校或其他教育機構為達成教育目的之內部程序。

七　對公務員所為之人事行政行為。

八　考試院有關考選命題及評分之行為。

第　4條　行政行為應受法律及一般法律原則之拘束。

第　5條　行政行為之內容應明確。

第　6條　行政行為，非有正當理由，不得為差別待遇。

第　7條　行政行為，應依下列原則為之：

一　採取之方法應有助於目的之達成。

二　有多種同樣能達成目的之方法時，應選擇對人民權益損害最少者。

三　採取之方法所造成之損害不得與欲達成目的之利益顯失均衡。

第　8條　行政行為，應以誠實信用之方法為之，並應保護人民正當合理之信賴。

第　9條　行政機關就該管行政程序，應於當事人有利及不利之情形，一律注意。

第　10條　行政機關行使裁量權，不得逾越法定之裁量範圍，並應符合法規授權之目的。

第二節　管轄

第　11條　行政機關之管轄權，依其組織法規或其他行政法規定之。

行政機關之組織法規變更管轄權之規定，而相關行政法規所定管轄機關尚未一併修正時，原管轄機關得會同組織法規變更後之管轄機關公告或逕由其共

同上級機關公告變更管轄之事項。

行政機關經裁併者，前項公告得僅由組織法規變更後之管轄機關為之。

前二項公告事項，自公告之日起算至第三日起發生移轉管轄權之效力。但公告特定有生效日期者，依其規定。

管轄權非依法規不得設定或變更。

第 12 條　不能依前條第 1 項定土地管轄權者，依下列各款順序定之：

一　關於不動產之事件，依不動產之所在地。

二　關於企業之經營或其他繼續性事業之事件，依經營企業或從事事業之處所，或應經營或應從事之處所。

三　其他事件，關於自然人者，依其住所地，無住所或住所不明者，依其居所地，無居所或居所不明者，依其最後所在地。關於法人或團體者，依其主事務所或會址所在地。

四　不能依前三款之規定定其管轄權或有急迫情形者，依事件發生之原因定之。

第 13 條　同一事件，數行政機關依前二條之規定均有管轄權者，由受理在先之機關管轄，不能分別受理之先後者，由各該機關協議定之，不能協議或有統一管轄之必要時，由其共同上級機關指定管轄。無共同上級機關時，由各該上級機關協議定之。

前項機關於必要之情形時，應為必要之職務行為，並即通知其他機關。

第 14 條　數行政機關於管轄權有爭議時，由其共同上級機關

決定之，無共同上級機關時，由各該上級機關協議定之。

前項情形，人民就其依法規申請之事件，得向共同上級機關申請指定管轄，無共同上級機關者，得向各該上級機關之一為之。受理申請之機關應自請求到達之日起十日內決定之。

在前二項情形未經決定前，如有導致國家或人民難以回復之重大損害之虞時，該管轄權爭議之一方，應依當事人申請或依職權為緊急之臨時處置，並應層報共同上級機關及通知他方。

人民對行政機關依本條所為指定管轄之決定，不得聲明不服。

第 15 條　行政機關得依法規將其權限之一部分，委任所屬下級機關執行之。

行政機關因業務上之需要，得依法規將其權限之一部分，委託不相隸屬之行政機關執行之。

前二項情形，應將委任或委託事項及法規依據公告之，並刊登政府公報或新聞紙。

第 16 條　行政機關得依法規將其權限之一部分，委託民間團體或個人辦理。

前項情形，應將委託事項及法規依據公告之，並刊登政府公報或新聞紙。

第 1 項委託所需費用，除另有約定外，由行政機關支付之。

第 17 條　行政機關對事件管轄權之有無，應依職權調查；其認無管轄權者，應即移送有管轄權之機關，並通知當事人。

人民於法定期間內提出申請，依前項規定移送有管轄權之機關者，視同已在法定期間內向有管轄權之機關提出申請。

第 18 條　行政機關因法規或事實之變更而喪失管轄權時，應將案件移送有管轄權之機關，並通知當事人。但經當事人及有管轄權機關之同意，亦得由原管轄機關繼續處理該案件。

第 19 條　行政機關為發揮共同一體之行政機能，應於其權限範圍內互相協助。

行政機關執行職務時，有下列情形之一者，得向無隸屬關係之其他機關請求協助：

一　因法律上之原因，不能獨自執行職務者。

二　因人員、設備不足等事實上之原因，不能獨自執行職務者。

三　執行職務所必要認定之事實，不能獨自調查者。

四　執行職務所必要之文書或其他資料，為被請求機關所持有者。

五　由被請求機關協助執行，顯較經濟者。

六　其他職務上有正當理由須請求協助者。

前項請求，除緊急情形外，應以書面為之。

被請求機關於有下列情形之一者，應拒絕之：

一　協助之行為，非其權限範圍或依法不得為之者。

二　如提供協助，將嚴重妨害其自身職務之執行者。

被請求機關認有正當理由不能協助者，得拒絕之。

被請求機關認為無提供行政協助之義務或有拒絕之事由時，應將其理由通知請求協助機關。請求協助機關對此有異議時，由其共同上級機關決定之，無

共同上級機關時，由被請求機關之上級機關決定之。被請求機關得向請求協助機關要求負擔行政協助所需費用。其負擔金額及支付方式，由請求協助機關及被請求機關以協議定之；協議不成時，由其共同上級機關定之。

第三節　當事人

第 20 條　本法所稱之當事人如下：

一　申請人及申請之相對人。

二　行政機關所為行政處分之相對人。

三　與行政機關締結行政契約之相對人。

四　行政機關實施行政指導之相對人。

五　對行政機關陳情之人。

六　其他依本法規定參加行政程序之人。

第 21 條　有行政程序之當事人能力者如下：

一　自然人。

二　法人。

三　非法人之團體設有代表人或管理人者。

四　行政機關。

五　其他依法律規定得為權利義務之主體者。

第 22 條　有行政程序之行為能力者如下：

一　依民法規定，有行為能力之自然人。

二　法人。

三　非法人之團體由其代表人或管理人為行政程序行為者。

四　行政機關由首長或其代理人、授權之人為行政程序行為者。

五　依其他法律規定者。

　　　　　無行政程序行為能力者，應由其法定代理人代為行
　　　　　政程序行為。

　　　　　外國人依其本國法律無行政程序之行為能力，而依
　　　　　中華民國法律有行政程序之行為能力者，視為有行
　　　　　政程序之行為能力。

第 23 條　因程序之進行將影響第三人之權利或法律上利益者，
　　　　　行政機關得依職權或依申請，通知其參加為當事人。

第 24 條　當事人得委任代理人。但依法規或行政程序之性質
　　　　　不得授權者，不得為之。

　　　　　每一當事人委任之代理人，不得逾三人。

　　　　　代理權之授與，及於該行政程序有關之全部程序行
　　　　　為。但申請之撤回，非受特別授權，不得為之。

　　　　　行政程序代理人應於最初為行政程序行為時，提出
　　　　　委任書。

　　　　　代理權授與之撤回，經通知行政機關後，始對行政
　　　　　機關發生效力。

第 25 條　代理人有二人以上者，均得單獨代理當事人。

　　　　　違反前項規定而為委任者，其代理人仍得單獨代理。

　　　　　代理人經本人同意得委任他人為複代理人。

第 26 條　代理權不因本人死亡或其行政程序行為能力喪失而
　　　　　消滅。法定代理有變更或行政機關經裁併或變更者，
　　　　　亦同。

第 27 條　多數有共同利益之當事人，未共同委任代理人者，
　　　　　得選定其中一人至五人為全體為行政程序行為。

　　　　　未選定當事人，而行政機關認有礙程序之正常進行
　　　　　者，得定相當期限命其選定；逾期未選定者，得依
　　　　　職權指定之。

經選定或指定為當事人者，非有正當理由不得辭退。

經選定或指定當事人者，僅得由該當事人為行政程序行為，其他當事人脫離行政程序。但申請之撤回、權利之拋棄或義務之負擔，非經全體有共同利益之人同意，不得為之。

第 28 條　選定或指定當事人有二人以上時，均得單獨為全體為行政程序行為。

第 29 條　多數有共同利益之當事人於選定或經指定當事人後，仍得更換或增減之。

行政機關對於其指定之當事人，為共同利益人之權益，必要時，得更換或增減之。

依前二項規定喪失資格者，其他被選定或指定之人得為全體為行政程序行為。

第 30 條　當事人之選定、更換或增減，非以書面通知行政機關不生效力。

行政機關指定、更換或增減當事人者，非以書面通知全體有共同利益之當事人，不生效力。但通知顯有困難者，得以公告代之。

第 31 條　當事人或代理人經行政機關之許可，得偕同輔佐人到場。

行政機關認為必要時，得命當事人或代理人偕同輔佐人到場。

前二項之輔佐人，行政機關認為不適當時，得撤銷其許可或禁止其陳述。

輔佐人所為之陳述，當事人或代理人未立即提出異議者，視為其所自為。

第四節　迴避

第 32 條　公務員在行政程序中，有下列各款情形之一者，應
自行迴避：

一　本人或其配偶、前配偶、四親等內之血親或三
親等內之姻親或曾有此關係者為事件之當事人
時。

二　本人或其配偶、前配偶，就該事件與當事人有
共同權利人或共同義務人之關係者。

三　現為或曾為該事件當事人之代理人、輔佐人者。

四　於該事件，曾為證人、鑑定人者。

第 33 條　公務員有下列各款情形之一者，當事人得申請迴避：

一　有前條所定之情形而不自行迴避者。

二　有具體事實，足認其執行職務有偏頗之虞者。

前項申請，應舉其原因及事實，向該公務員所屬機
關為之，並應為適當之釋明；被申請迴避之公務員，
對於該申請得提出意見書。

不服行政機關之駁回決定者，得於五日內提請上級
機關覆決，受理機關除有正當理由外，應於十日內
為適當之處置。

被申請迴避之公務員在其所屬機關就該申請事件為
准許或駁回之決定前，應停止行政程序。但有急迫
情形，仍應為必要處置。

公務員有前條所定情形不自行迴避，而未經當事人
申請迴避者，應由該公務員所屬機關依職權命其迴
避。

第五節　程序之開始

第 34 條　行政程序之開始，由行政機關依職權定之。但依本

法或其他法規之規定有開始行政程序之義務，或當事人已依法規之規定提出申請者，不在此限。

第 35 條　當事人依法向行政機關提出申請者，除法規另有規定外，得以書面或言詞為之。以言詞為申請者，受理之行政機關應作成紀錄，經向申請人朗讀或使閱覽，確認其內容無誤後由其簽名或蓋章。

第六節　調查事實及證據

第 36 條　行政機關應依職權調查證據，不受當事人主張之拘束，對當事人有利及不利事項一律注意。

第 37 條　當事人於行政程序中，除得自行提出證據外，亦得向行政機關申請調查事實及證據。但行政機關認為無調查之必要者，得不為調查，並於第 43 條之理由中敘明之。

第 38 條　行政機關調查事實及證據，必要時得據實製作書面紀錄。

第 39 條　行政機關基於調查事實及證據之必要，得以書面通知相關之人陳述意見。通知書中應記載詢問目的、時間、地點、得否委託他人到場及不到場所生之效果。

第 40 條　行政機關基於調查事實及證據之必要，得要求當事人或第三人提供必要之文書、資料或物品。

第 41 條　行政機關得選定適當之人為鑑定。
　　　　　以書面為鑑定者，必要時，得通知鑑定人到場說明。

第 42 條　行政機關為瞭解事實真相，得實施勘驗。
　　　　　勘驗時應通知當事人到場。但不能通知者，不在此限。

第 43 條　行政機關為處分或其他行政行為，應斟酌全部陳述

與調查事實及證據之結果，依論理及經驗法則判斷事實之真偽，並將其決定及理由告知當事人。

第七節　資訊公開

第 44 條　行政機關持有及保管之資訊，以公開為原則，限制為例外；其公開及限制，除本法規定者外，另以法律定之。

前項所稱資訊，係指行政機關所持有或保管之文書、圖片、紀錄、照片、錄影（音）、微縮片、電腦處理資料等，可供聽、讀、閱覽或藉助科技得以閱讀或理解之文書或物品。

有關行政機關資訊公開及其限制之法律，應於本法公布二年內完成立法。於完成立法前，行政院應會同有關機關訂定辦法實施之。

第 45 條　行政機關持有或保管之下列資訊，應主動公開。但涉及國家機密者，不在此限：

一　法規命令。

二　行政指導有關文書。

三　許（認）可條件之有關規定。

四　施政計畫、業務統計及研究報告。

五　預算、決算書。

六　公共工程及採購契約、對外關係文書。

七　接受及支付補助金。

八　合議制機關之會議紀錄。

前項各款資訊之主動公開，應以刊載政府公報或其他適當之方式，適時公布。

第 46 條　當事人或利害關係人得向行政機關申請閱覽、抄寫、複印或攝影有關資料或卷宗。但以主張或維護其法

律上利益有必要者為限。

行政機關對前項之申請，除有下列情形之一者外，不得拒絕：

一　行政決定前之擬稿或其他準備作業文件。

二　涉及國防、軍事、外交及一般公務機密，依法規規定有保密之必要者。

三　涉及個人隱私、職業秘密、營業秘密，依法規規定有保密之必要者。

四　有侵害第三人權利之虞者。

五　有嚴重妨礙有關社會治安、公共安全或其他公共利益之職務正常進行之虞者。

前項第 2 款及第 3 款無保密必要之部分，仍應准許閱覽。

當事人就第 1 項資料或卷宗內容關於自身之記載有錯誤者，得檢具事實證明，請求相關機關更正。

第 47 條　公務員在行政程序中，除基於職務上之必要外，不得與當事人或代表其利益之人為行政程序外之接觸。

公務員與當事人或代表其利益之人為行政程序外之接觸時，應將所有往來之書面文件附卷，並對其他當事人公開。

前項接觸非以書面為之者，應作成書面紀錄，載明接觸對象、時間、地點及內容。

第八節　期日與期間

第 48 條　期間以時計算者，即時起算。

期間以日、星期、月或年計算者，其始日不計算在內。但法律規定即日起算者，不在此限。

期間不以星期、月或年之始日起算者，以最後之星

期、月或年與起算日相當日之前一日為期間之末日。但以月或年定期間，而於最後之月無相當日者，以其月之末日為期間之末日。

期間之末日為星期日、國定假日或其他休息日者，以該日之次日為期間之末日；期間之末日為星期六者，以其次星期一上午為期間末日。

期間涉及人民之處罰或其他不利行政處分者，其始日不計時刻以一日論；其末日為星期日、國定假日或其他休息日者，照計。但依第 2 項、第 4 項規定計算，對人民有利者，不在此限。

第 49 條　基於法規之申請，以掛號郵寄方式向行政機關提出者，以交郵當日之郵戳為準。

第 50 條　因天災或其他不應歸責於申請人之事由，致基於法規之申請不能於法定期間內提出者，得於其原因消滅後十日內，申請回復原狀。如該法定期間少於十日者，於相等之日數內得申請回復原狀。

申請回復原狀，應同時補行期間內應為之行政程序行為。

遲誤法定期間已逾一年者，不得申請回復原狀。

第 51 條　行政機關對於人民依法規之申請，除法規另有規定外，應按各事項類別，訂定處理期間公告之。

未依前項規定訂定處理期間者，其處理期間為二個月。

行政機關未能於前二項所定期間內處理終結者，得於原處理期間之限度內延長之，但以一次為限。

前項情形，應於原處理期間屆滿前，將延長之事由通知申請人。

行政機關因天災或其他不可歸責之事由，致事務之處理遭受阻礙時，於該項事由終止前，停止處理期間之進行。

第九節　費用

第 52 條　行政程序所生之費用，由行政機關負擔。但專為當事人或利害關係人利益所支出之費用，不在此限。

因可歸責於當事人或利害關係人之事由，致程序有顯著之延滯者，其因延滯所生之費用，由其負擔。

第 53 條　證人或鑑定人得向行政機關請求法定之日費及旅費，鑑定人並得請求相當之報酬。

前項費用及報酬，得請求行政機關預行酌給之。

第一項費用，除法規另有規定外，其標準由行政院定之。

第一〇節　聽證程序

第 54 條　依本法或其他法規舉行聽證時，適用本節規定。

第 55 條　行政機關舉行聽證前，應以書面記載下列事項，並通知當事人及其他已知之利害關係人，必要時並公告之：

一　聽證之事由與依據。

二　當事人之姓名或名稱及其住居所、事務所或營業所。

三　聽證之期日及場所。

四　聽證之主要程序。

五　當事人得選任代理人。

六　當事人依第 61 條所得享有之權利。

七　擬進行預備程序者，預備聽證之期日及場所。

八　缺席聽證之處理。

九　聽證之機關。

依法規之規定，舉行聽證應預先公告者，行政機關應將前項所列各款事項，登載於政府公報或以其他適當方法公告之。

聽證期日及場所之決定，應視事件之性質，預留相當期間，便利當事人或其代理人參與。

第 56 條　行政機關得依職權或當事人之申請，變更聽證期日或場所，但以有正當理由為限。

行政機關為前項之變更者，應依前條規定通知並公告。

第 57 條　聽證，由行政機關首長或其指定人員為主持人，必要時得由律師、相關專業人員或其他熟諳法令之人員在場協助之。

第 58 條　行政機關為使聽證順利進行，認為必要時，得於聽證期日前，舉行預備聽證。

預備聽證得為下列事項：

一　議定聽證程序之進行。

二　釐清爭點。

三　提出有關文書及證據。

四　變更聽證之期日、場所與主持人。

預備聽證之進行，應作成紀錄。

第 59 條　聽證，除法律另有規定外，應公開以言詞為之。

有下列各款情形之一者，主持人得依職權或當事人之申請，決定全部或一部不公開：

一　公開顯然有違背公益之虞者。

二　公開對當事人利益有造成重大損害之虞者。

第 60 條　聽證以主持人說明案由為始。

聽證開始時，由主持人或其指定之人說明事件之內容要旨。

第 61 條　當事人於聽證時，得陳述意見、提出證據，經主持人同意後並得對機關指定之人員、證人、鑑定人、其他當事人或其代理人發問。

第 62 條　主持人應本中立公正之立場，主持聽證。

主持人於聽證時，得行使下列職權：

一　就事實或法律問題，詢問當事人、其他到場人，或促其提出證據。

二　依職權或當事人之申請，委託相關機關為必要之調查。

三　通知證人或鑑定人到場。

四　依職權或申請，通知或允許利害關係人參加聽證。

五　許可當事人及其他到場人之發問或發言。

六　為避免延滯程序之進行，禁止當事人或其他到場之人發言；有妨礙聽證程序而情節重大者，並得命其退場。

七　當事人一部或全部無故缺席者，逕行開始、延期或終結聽證。

八　當事人曾於預備聽證中提出有關文書者，得以其所載內容視為陳述。

九　認為有必要時，於聽證期日結束前，決定繼續聽證之期日及場所。

一○　如遇天災或其他事故不能聽證時，得依職權或當事人之申請，中止聽證。

一一　採取其他為順利進行聽證所必要之措施。

主持人依前項第九款決定繼續聽證之期日及場所者，應通知未到場之當事人及已知之利害關係人。

第 63 條 當事人認為主持人於聽證程序進行中所為之處置違法或不當者，得即時聲明異議。

主持人認為異議有理由者，應即撤銷原處置，認為無理由者，應即駁回異議。

第 64 條 聽證，應作成聽證紀錄。

前項紀錄，應載明到場人所為陳述或發問之要旨及其提出之文書、證據，並記明當事人於聽證程序進行中聲明異議之事由及主持人對異議之處理。

聽證紀錄，得以錄音、錄影輔助之。

聽證紀錄當場製作完成者，由陳述或發問人簽名或蓋章；未當場製作完成者，由主持人指定日期、場所供陳述或發問人閱覽，並由其簽名或蓋章。

前項情形，陳述或發問人拒絕簽名、蓋章或未於指定日期、場所閱覽者，應記明其事由。

陳述或發問人對聽證紀錄之記載有異議者，得即時提出。主持人認異議有理由者，應予更正或補充；無理由者，應記明其異議。

第 65 條 主持人認當事人意見業經充分陳述，而事件已達可為決定之程度者，應即終結聽證。

第 66 條 聽證終結後，決定作成前，行政機關認為必要時，得再為聽證。

第一一節 送達

第 67 條 送達，除法規另有規定外，由行政機關依職權為之。

第 68 條 送達由行政機關自行或交由郵政機關送達。

行政機關之文書依法規以電報交換、電傳文件、傳

真或其他電子文件行之者，視為自行送達。

由郵政機關送達者，以一般郵遞方式為之。但文書內容對人民權利義務有重大影響者，應為掛號。

文書由行政機關自行送達者，以承辦人員或辦理送達事務人員為送達人；其交郵政機關送達者，以郵務人員為送達人。

前項郵政機關之送達準用依民事訴訟法施行法第 3 條訂定之郵政機關送達訴訟文書實施辦法。

第 69 條　對於無行政程序之行為能力人為送達者，應向其法定代理人為之。

對於機關、法人或非法人之團體為送達者，應向其代表人或管理人為之。

法定代理人、代表人或管理人有二人以上者，送達得僅向其中之一人為之。

無行政程序之行為能力人為行政程序之行為，未向行政機關陳明其法定代理人者，於補正前，行政機關得向該無行為能力人為送達。

第 70 條　對於在中華民國有事務所或營業所之外國法人或團體為送達者，應向其在中華民國之代表人或管理人為之。

前條第 3 項規定，於前項送達準用之。

第 71 條　行政程序之代理人受送達之權限未受限制者，送達應向該代理人為之。但行政機關認為必要時，得送達於當事人本人。

第 72 條　送達，於應受送達人之住居所、事務所或營業所為之。但在行政機關辦公處所或他處會晤應受送達人時，得於會晤處所為之。

對於機關、法人、非法人之團體之代表人或管理人為送達者，應向其機關所在地、事務所或營業所行之。但必要時亦得於會晤之處所或其住居所行之。

應受送達人有就業處所者，亦得向該處所為送達。

第 73 條　於應送達處所不獲會晤應受送達人時，得將文書付與有辨別事理能力之同居人、受雇人或應送達處所之接收郵件人員。

前項規定於前項人員與應受送達人在該行政程序上利害關係相反者，不適用之。

應受送達人或其同居人、受雇人、接收郵件人員無正當理由拒絕收領文書時，得將文書留置於應送達處所，以為送達。

第 74 條　送達，不能依前二條規定為之者，得將文書寄存送達地之地方自治或警察機關，並作送達通知書兩份，一份黏貼於應受送達人住居所、事務所、營業所或其就業處所門首，另一份交由鄰居轉交或置於該送達處所信箱或其他適當位置，以為送達。

前項情形，由郵政機關為送達者，得將文書寄存於送達地之郵政機關。

寄存機關自收受寄存文書之日起，應保存三個月。

第 75 條　行政機關對於不特定人之送達，得以公告或刊登政府公報或新聞紙代替之。

第 76 條　送達人因證明之必要，得製作送達證書，記載下列事項並簽名：

一　交送達之機關。

二　應受送達人。

三　應送達文書之名稱。

四　送達處所、日期及時間。

五　送達方法。

除電子傳達方式之送達外，送達證書應由收領人簽名或蓋章；如拒絕或不能簽名或蓋章者，送達人應記明其事由。

送達證書，應提出於行政機關附卷。

第 77 條　送達係由當事人向行政機關申請對第三人為之者，行政機關應將已為送達或不能送達之事由，通知當事人。

第 78 條　對於當事人之送達，有下列各款情形之一者，行政機關得依申請，准為公示送達：

一　應為送達之處所不明者。

二　於有治外法權人之住居所或事務所為送達而無效者。

三　於外國或境外為送達，不能依第86條之規定辦理或預知雖依該規定辦理而無效者。

有前項所列各款之情形而無人為公示送達之申請者，行政機關為避免行政程序遲延，認為有必要時，得依職權命為公示送達。

當事人變更其送達之處所而不向行政機關陳明，致有第1項之情形者，行政機關得依職權命為公示送達。

第 79 條　依前條規定為公示送達後，對於同一當事人仍應為公示送達者，依職權為之。

第 80 條　公示送達應由行政機關保管送達之文書，而於行政機關公告欄黏貼公告，告知應受送達人得隨時領取；並得由行政機關將文書或其節本刊登政府公報或新

聞紙。

第 81 條　公示送達自前條公告之日起，其刊登政府公報或新聞紙者，自最後刊登之日起，經二十日發生效力；於依第 78 條第 1 項第 3 款為公示送達者，經六十日發生效力。但第 79 條之公示送達，自黏貼公告欄翌日起發生效力。

第 82 條　為公示送達者，行政機關應製作記載該事由及年、月、日、時之證書附卷。

第 83 條　當事人或代理人經指定送達代收人，向行政機關陳明者，應向該代收人為送達。

郵寄方式向行政機關提出者，以交郵地無住居所、事務所及營業所者，行政機關得命其於一定期間內，指定送達代收人。

如不於前項期間指定送達代收人並陳明者，行政機關得將應送達之文書，註明該當事人或代理人之住居所、事務所或營業所，交付郵政機關掛號發送，並以交付文書時，視為送達時。

第 84 條　送達，除第 68 條第 1 項規定交付郵政機關或依第 2 項之規定辦理者外，不得於星期日或其他休息日或日出前、日沒後為之。但應受送達人不拒絕收領者，不在此限。

第 85 條　不能為送達者，送達人應製作記載該事由之報告書，提出於行政機關附卷，並繳回應送達之文書。

第 86 條　於外國或境外為送達者，應囑託該國管轄機關或駐在該國之中華民國使領館或其他機構、團體為之。

不能依前項規定為送達者，得將應送達之文書交郵政機關以雙掛號發送，以為送達，並將掛號回執附

卷。

第 87 條　對於駐在外國之中華民國大使、公使、領事或其他
　　　　　駐外人員為送達者，應囑託外交部為之。

第 88 條　對於在軍隊或軍艦服役之軍人為送達者，應囑託該
　　　　　管軍事機關或長官為之。

第 89 條　對於在監所人為送達者，應囑託該監所長官為之。

第 90 條　於有治外法權人之住居所或事務所為送達者，得囑
　　　　　託外交部為之。

第 91 條　受囑託之機關或公務員，經通知已為送達或不能為
　　　　　送達者，行政機關應將通知書附卷。

第二章　行政處分

第一節　行政處分之成立

第 92 條　本法所稱行政處分，係指行政機關就公法上具體事
　　　　　件所為之決定或其他公權力措施而對外直接發生法
　　　　　律效果之單方行政行為。

　　　　　前項決定或措施之相對人雖非特定，而依一般性特
　　　　　徵可得確定其範圍者，為一般處分，適用本法有關
　　　　　行政處分之規定。有關公物之設定、變更、廢止或
　　　　　其一般使用者，亦同。

第 93 條　行政機關作成行政處分有裁量權時，得為附款。無
　　　　　裁量權者，以法律有明文規定或為確保行政處分法
　　　　　定要件之履行而以該要件為附款內容者為限，始得
　　　　　為之。

　　　　　前項所稱之附款如下：

　　　　　一　期限。

　　　　　二　條件。

　　　　　三　負擔。

四　保留行政處分之廢止權。

五　保留負擔之事後附加或變更。

第 94 條　前條之附款不得違背行政處分之目的，並應與該處
　　　　　分之目的具有正當合理之關聯。

第 95 條　行政處分除法規另有要式之規定者外，得以書面、
　　　　　言詞或其他方式為之。

　　　　　以書面以外方式所為之行政處分，其相對人或利害
　　　　　關係人有正當理由要求作成書面時，處分機關不得
　　　　　拒絕。

第 96 條　行政處分以書面為之者，應記載下列事項：

一　處分相對人之姓名、出生年月日、性別、身分
　　證統一號碼、住居所或其他足資辨別之特徵；
　　如係法人或其他設有管理人或代表人之團體，
　　其名稱、事務所或營業所，及管理人或代表人
　　之姓名、出生年月日、性別、身分證統一號碼、
　　住居所。

二　主旨、事實、理由及其法令依據。

三　有附款者，附款之內容。

四　處分機關及其首長署名、蓋章，該機關有代理
　　人或受任人者，須同時於其下簽名。但以自動
　　機器作成之大量行政處分，得不經署名，以蓋
　　章為之。

五　發文字號及年、月、日。

六　表明其為行政處分之意旨及不服行政處分之救
　　濟方法、期間及其受理機關。

　　　　　前項規定於依前條第 2 項作成之書面，準用之。

第 97 條　書面之行政處分有下列各款情形之一者，得不記明

理由：

一　未限制人民之權益者。

二　處分相對人或利害關係人無待處分機關之說明
　　已知悉或可知悉作成處分之理由者。

三　大量作成之同種類行政處分或以自動機器作成
　　之行政處分依其狀況無須說明理由者。

四　一般處分經公告或刊登政府公報或新聞紙者。

五　有關專門知識、技能或資格所為之考試、檢定
　　或鑑定等程序。

六　依法律規定無須記明理由者。

第　98　條　處分機關告知之救濟期間有錯誤時，應由該機關以
　　通知更正之，並自通知送達之翌日起算法定期間。

　　處分機關告知之救濟期間較法定期間為長者，處分
　　機關雖以通知更正，如相對人或利害關係人信賴原
　　告知之救濟期間，致無法於法定期間內提起救濟，
　　而於原告知之期間內為之者，視為於法定期間內所
　　為。

　　處分機關未告知救濟期間或告知錯誤未為更正，致
　　相對人或利害關係人遲誤者，如自處分書送達後一
　　年內聲明不服時，視為於法定期間內所為。

第　99　條　對於行政處分聲明不服，因處分機關未為告知或告
　　知錯誤致向無管轄權之機關為之者，該機關應於十
　　日內移送有管轄權之機關，並通知當事人。

　　前項情形，視為自始向有管轄權之機關聲明不服。

第 100 條　書面之行政處分，應送達相對人及已知之利害關係
　　人；書面以外之行政處分，應以其他適當方法通知
　　或使其知悉。

一般處分之送達，得以公告或刊登政府公報或新聞紙代替之。

第 101 條　行政處分如有誤寫、誤算或其他類此之顯然錯誤者，處分機關得隨時或依申請更正之。

前項更正，附記於原處分書及其正本，如不能附記者，應製作更正書，以書面通知相對人及已知之利害關係人。

第二節　陳述意見及聽證

第 102 條　行政機關作成限制或剝奪人民自由或權利之行政處分前，除已依第 39 條規定，通知處分相對人陳述意見，或決定舉行聽證者外，應給予該處分相對人陳述意見之機會。但法規另有規定者，從其規定。

第 103 條　有下列各款情形之一者，行政機關得不給予陳述意見之機會：

一　大量作成同種類之處分。

二　情況急迫，如予陳述意見之機會，顯然違背公益者。

三　受法定期間之限制，如予陳述意見之機會，顯然不能遵行者。

四　行政強制執行時所採取之各種處置。

五　行政處分所根據之事實，客觀上明白足以確認者。

六　限制自由或權利之內容及程度，顯屬輕微，而無事先聽取相對人意見之必要者。

七　相對人於提起訴願前依法律應向行政機關聲請再審查、異議、復查、重審或其他先行程序者。

八　為避免處分相對人隱匿、移轉財產或潛逃出境，

　　　　依法律所為保全或限制出境之處分。

第 104 條　行政機關依第 102 條給予相對人陳述意見之機會時，應以書面記載下列事項通知相對人，必要時並公告之：

一　相對人及其住居所、事務所或營業所。

二　將為限制或剝奪自由或權利行政處分之原因事實及法規依據。

三　得依第 105 條提出陳述書之意旨。

四　提出陳述書之期限及不提出之效果。

五　其他必要事項。

前項情形，行政機關得以言詞通知相對人，並作成紀錄，向相對人朗讀或使閱覽後簽名或蓋章；其拒絕簽名或蓋章者，應記明其事由。

第 105 條　行政處分之相對人依前條規定提出之陳述書，應為事實上及法律上陳述。

利害關係人亦得提出陳述書，為事實上及法律上陳述，但應釋明其利害關係之所在。

不於期間內提出陳述書者，視為放棄陳述之機會。

第 106 條　行政處分之相對人或利害關係人得於第 104 條第 1 項第 4 款所定期限內。以言詞向行政機關陳述意見代替陳述書之提出。

以言詞陳述意見者，行政機關應作成紀錄，經向陳述人朗讀或使閱覽確認其內容無誤後，由陳述人簽名或蓋章；其拒絕簽名或蓋章者，應記明其事由。

陳述人對紀錄有異議者，應更正之。

第 107 條　行政機關遇有下列各款情形之一者，舉行聽證：

一　法規明文規定應舉行聽證者。

二　行政機關認為有舉行聽證之必要者。

第 108 條　行政機關作成經聽證之行政處分時，除依第 43 條之規定外，並應斟酌全部聽證之結果。但法規明定應依聽證紀錄作成處分者，從其規定。

前項行政處分應以書面為之，並通知當事人。

第 109 條　不服依前條作成之行政處分者，其行政救濟程序，免除訴願及其先行程序。

第三節　行政處分之效力

第 110 條　書面之行政處分自送達相對人及已知之利害關係人起；書面以外之行政處分自以其他適當方法通知或使其知悉時起，依送達、通知或使知悉之內容對其發生效力。

一般處分自公告日或刊登政府公報、新聞紙最後登載日起發生效力。但處分另訂不同日期者，從其規定。

行政處分未經撤銷、廢止，或未因其他事由而失效者，其效力繼續存在。

無效之行政處分自始不生效力。

第 111 條　行政處分有下列各款情形之一者，無效：

一　不能由書面處分中得知處分機關者。

二　應以證書方式作成而未給予證書者。

三　內容對任何人均屬不能實現者。

四　所要求或許可之行為構成犯罪者。

五　內容違背公共秩序、善良風俗者。

六　未經授權而違背法規有關專屬管轄之規定或缺乏事務權限者。

七　其他具有重大明顯之瑕疵者。

第 112 條　行政處分一部分無效者，其他部分仍為有效。但除
　　　　　去該無效部分，行政處分不能成立者，全部無效。

第 113 條　行政處分之無效，行政機關得依職權確認之。
　　　　　行政處分之相對人或利害關係人有正當理由請求確
　　　　　認行政處分無效時，處分機關應確認其為有效或無
　　　　　效。

第 114 條　違反程序或方式規定之行政處分，除依第 111 條規
　　　　　定而無效者外，因下列情形而補正：

一　須經申請始得作成之行政處分，當事人已於事
　　後提出者。

二　必須記明之理由已於事後記明者。

三　應給予當事人陳述意見之機會已於事後給予者。

四　應參與行政處分作成之委員會已於事後作成決
　　議者。

五　應參與行政處分作成之其他機關已於事後參與
　　者。

前項第 2 款至第 5 款之補正行為，僅得於訴願程序
終結前為之；得不經訴願程序者，僅得於向行政法
院起訴前為之。

當事人因補正行為致未能於法定期間內聲明不服者，
其期間之遲誤視為不應歸責於該當事人之事由，其
回復原狀期間自該瑕疵補正時起算。

第 115 條　行政處分違反土地管轄之規定者，除依第 111 條第
　　　　　6 款規定而無效者外，有管轄權之機關如就該事件
　　　　　仍應為相同之處分時，原處分無須撤銷。

第 116 條　行政機關得將違法行政處分轉換為與原處分具有相
　　　　　同實質及程序要件之其他行政處分。但有下列各款

情形之一者，不得轉換：

一　違法行政處分，依第 117 條但書規定，不得撤銷者。

二　轉換不符作成原行政處分之目的者。

三　轉換法律效果對當事人更為不利者。

羈束處分不得轉換為裁量處分。

行政機關於轉換前應給予當事人陳述意見之機會。但有第 103 條之事由者，不在此限。

第 117 條　違法行政處分於法定救濟期間經過後，原處分機關得依職權為全部或一部之撤銷；其上級機關，亦得為之。但有下列各款情形之一者，不得撤銷：

一　撤銷對公益有重大危害者。

二　受益人無第 119 條所列信賴不值得保護之情形，而信賴授予利益之行政處分，其信賴利益顯然大於撤銷所欲維護之公益者。

第 118 條　違法行政處分經撤銷後，溯及既往失其效力。但為維護公益或為避免受益人財產上之損失，為撤銷之機關得另定失其效力之日期。

第 119 條　受益人有下列各款情形之一者，其信賴不值得保護：

一　以詐欺、脅迫或賄賂方法，使行政機關作成行政處分者。

二　對重要事項提供不正確資料或為不完全陳述，致使行政機關依該資料或陳述而作成行政處分者。

三　明知行政處分違法或因重大過失而不知者。

第 120 條　授予利益之違法行政處分經撤銷後，如受益人無前條所列信賴不值得保護之情形，其因信賴該處分致

遭受財產上之損失者，為撤銷之機關應給予合理之補償。

前項補償額度不得超過受益人因該處分存續可得之利益。

關於補償之爭議及補償之金額，相對人有不服者，得向行政法院提起給付訴訟。

第 121 條　第 117 條之撤銷權，應自原處分機關或其上級機關知有撤銷原因時起二年內為之。

前條之補償請求權，自行政機關告知其事由時起，因二年間不行使而消滅；自處分撤銷時起逾五年者，亦同。

第 122 條　非授予利益之合法行政處分，得由原處分機關依職權為全部或一部之廢止。但廢止後仍應為同一內容之處分或依法不得廢止者，不在此限。

第 123 條　授予利益之合法行政處分，有下列各款情形之一者，得由原處分機關依職權為全部或一部之廢止：

一　法規准許廢止者。

二　原處分機關保留行政處分之廢止權者。

三　附負擔之行政處分，受益人未履行該負擔者。

四　行政處分所依據之法規或事實事後發生變更，致不廢止該處分對公益將有危害者。

五　其他為防止或除去對公益之重大危害者。

第 124 條　前條之廢止，應自廢止原因發生後二年內為之。

第 125 條　合法行政處分經廢止後，自廢止時或自廢止機關所指定較後之日時起，失其效力。但受益人未履行負擔致行政處分受廢止者，得溯及既往失其效力。

第 126 條　原處分機關依第 123 條第 4 款、第 5 款規定廢止授

予利益之合法行政處分者，對受益人因信賴該處分致遭受財產上之損失，應給予合理之補償。

第120條第2項、第3項及第121條第2項之規定，於前項補償準用之。

第 127 條　授予利益之行政處分，其內容係提供一次或連續之金錢或可分物之給付者，經撤銷、廢止或條件成就而有溯及既往失效之情形時，受益人應返還因該處分所受領之給付。其行政處分經確認無效者，亦同。

前項返還範圍準用民法有關不當得利之規定。

第 128 條　行政處分於法定救濟期間經過後，具有下列各款情形之一者，相對人或利害關係人得向行政機關申請撤銷、廢止或變更之。但相對人或利害關係人因重大過失而未能在行政程序或救濟程序中主張其事由者，不在此限。

一　具有持續效力之行政處分所依據之事實事後發生有利於相對人或利害關係人之變更者。

二　發生新事實或發現新證據者，但以如經斟酌可受較有利益之處分者為限。

三　其他具有相當於行政訴訟法所定再審事由且足以影響行政處分者。

前項申請，應自法定救濟期間經過後三個月內為之；其事由發生在後或知悉在後者，自發生或知悉時起算。但自法定救濟期間經過後已逾五年者，不得申請。

第 129 條　行政機關認前條之申請為有理由者，應撤銷、廢止或變更原處分；認申請為無理由或雖有重新開始程序之原因，如認為原處分為正當者，應駁回之。

第 130 條　行政處分經撤銷或廢止確定，或因其他原因失其效力後，而有收回因該處分而發給之證書或物品之必要者，行政機關得命所有人或占有人返還之。

前項情形，所有人或占有人得請求行政機關將該證書或物品作成註銷之標示後，再予發還。但依物之性質不能作成註銷標示，或註銷標示不能明顯而持續者，不在此限。

第 131 條　公法上之請求權，除法律有特別規定外，因五年間不行使而消滅。

公法上請求權，因時效完成而當然消滅。

前項時效，因行政機關為實現該權利所作成之行政處分而中斷。

第 132 條　行政處分因撤銷、廢止或其他事由而溯及既往失效時，自該處分失效時起，已中斷之時效視為不中斷。

第 133 條　因行政處分而中斷之時效，自行政處分不得訴請撤銷或因其他原因失其效力後，重行起算。

第 134 條　因行政處分而中斷時效之請求權，於行政處分不得訴請撤銷後，其原有時效期間不滿五年者，因中斷而重行起算之時效期間為五年。

第三章　行政契約

第 135 條　公法上法律關係得以契約設定、變更或消滅之。但依其性質或法規規定不得締約者，不在此限。

第 136 條　行政機關對於行政處分所依據之事實或法律關係，經依職權調查仍不能確定者，為有效達成行政目的，並解決爭執，得與人民和解，締結行政契約，以代替行政處分。

第 137 條　行政機關與人民締結行政契約，互負給付義務者，

應符合下列各款之規定：

一　契約中應約定人民給付之特定用途。

二　人民之給付有助於行政機關執行其職務。

三　人民之給付與行政機關之給付應相當，並具有正當合理之關聯。

行政處分之作成，行政機關無裁量權時，代替該行政處分之行政契約所約定之人民給付，以依第93條第1項規定得為附款者為限。

第1項契約應載明人民給付之特定用途及僅供該特定用途使用之意旨。

第 138 條　行政契約當事人之一方為人民，依法應以甄選或其他競爭方式決定該當事人時，行政機關應事先公告應具之資格及決定之程序。決定前，並應予參與競爭者表示意見之機會。

第 139 條　行政契約之締結，應以書面為之。但法規另有其他方式之規定者，依其規定。

第 140 條　行政契約依約定內容履行將侵害第三人之權利者，應經該第三人書面之同意，始生效力。

行政處分之作成，依法規之規定應經其他行政機關之核准、同意或會同辦理者，代替該行政處分而締結之行政契約，亦應經該行政機關之核准、同意或會同辦理，始生效力。

第 141 條　行政契約準用民法規定之結果為無效者，無效。

行政契約違反第 135 條但書或第 138 條之規定者，無效。

第 142 條　代替行政處分之行政契約，有下列各款情形之一者，無效：

一 與其內容相同之行政處分為無效者。

二 與其內容相同之行政處分，有得撤銷之違法原因，並為締約雙方所明知者。

三 締結之和解契約，未符合第 136 條之規定者。

四 締結之雙務契約，未符合第 137 條之規定者。

第 143 條 行政契約之一部無效者，全部無效。但如可認為欠缺該部分，締約雙方亦將締結契約者，其他部分仍為有效。

第 144 條 行政契約當事人之一方為人民者，行政機關得就相對人契約之履行，依書面約定之方式，為必要之指導或協助。

第 145 條 行政契約當事人之一方為人民者，其締約後，因締約機關所屬公法人之其他機關於契約關係外行使公權力，致相對人履行契約義務時，顯增費用或受其他不可預期之損失者，相對人得向締約機關請求補償其損失。但公權力之行使與契約之履行無直接必要之關聯者，不在此限。

締約機關應就前項請求，以書面並敘明理由決定之。

第 1 項補償之請求，應自相對人知有損失時起一年內為之。

關於補償之爭議及補償之金額，相對人有不服者，得向行政法院提起給付訴訟。

第 146 條 行政契約當事人之一方為人民者，行政機關為防止或除去對公益之重大危害，得於必要範圍內調整契約內容或終止契約。

前項之調整或終止，非補償相對人因此所受之財產上損失，不得為之。

第 1 項之調整或終止及第 2 項補償之決定，應以書
面敘明理由為之。

相對人對第 1 項之調整難為履行者，得以書面敘明
理由終止契約。

相對人對第 2 項補償金額不同意時，得向行政法院
提起給付訴訟。

第 147 條 行政契約締結後，因有情事重大變更，非當時所得
預料，而依原約定顯失公平者，當事人之一方得請
求他方適當調整契約內容。如不能調整，得終止契
約。

前項情形，行政契約當事人之一方為人民時，行政
機關為維護公益，得於補償相對人之損失後，命其
繼續履行原約定之義務。

第 1 項之請求調整或終止與第 2 項補償之決定，應
以書面敘明理由為之。

相對人對第 2 項補償金額不同意時，得向行政法院
提起給付訴訟。

第 148 條 行政契約約定自願接受執行時，債務人不為給付時，
債權人得以該契約為強制執行之執行名義。

前項約定，締約之一方為中央行政機關時，應經主
管院、部或同等級機關之認可；締約之一方為地方
自治團體之行政機關時，應經該地方自治團體行政
首長之認可；契約內容涉及委辦事項者，並應經委
辦機關之認可，始生效力。

第 1 項強制執行，準用行政訴訟法有關強制執行之
規定。

第 149 條 行政契約，本法未規定者，準用民法相關之規定。

第四章　法規命令及行政規則

第 150 條　本法所稱法規命令,係指行政機關基於法律授權,對多數不特定人民就一般事項所作抽象之對外發生法律效果之規定。

　　　　法規命令之內容應明列其法律授權之依據,並不得逾越法律授權之範圍與立法精神。

第 151 條　行政機關訂定法規命令,除關於軍事、外交或其他重大事項而涉及國家機密或安全者外,應依本法所定程序為之。但法律另有規定者,從其規定。

　　　　法規命令之修正、廢止、停止或恢復適用,準用訂定程序之規定。

第 152 條　法規命令之訂定,除由行政機關自行草擬者外,並得由人民或團體提議為之。

　　　　前項提議,應以書面敘明法規命令訂定之目的、依據及理由,並附具相關資料。

第 153 條　受理前條提議之行政機關,應依下列情形分別處理:

　　一　非主管之事項,依第十七條之規定予以移送。

　　二　依法不得以法規命令規定之事項,附述理由通知原提議者。

　　三　無須訂定法規命令之事項,附述理由通知原提議者。

　　四　有訂定法規命令之必要者,著手研擬草案。

第 154 條　行政機關擬訂法規命令時,除情況急迫,顯然無法事先公告周知者外,應於政府公報或新聞紙公告,載明下列事項:

　　一　訂定機關之名稱,其依法應由數機關會同訂定者,各該機關名稱。

二　訂定之依據。

三　草案全文或其主要內容。

四　任何人得於所定期間內向指定機關陳述意見之意旨。

行政機關除為前項之公告外，並得以適當之方法，將公告內容廣泛周知。

第 155 條　行政機關訂定法規命令，得依職權舉行聽證。

第 156 條　行政機關為訂定法規命令，依法舉行聽證者，應於政府公報或新聞紙公告，載明下列事項；

一　訂定機關之名稱，其依法應由數機關會同訂定者，各該機關之名稱。

二　訂定之依據。

三　草案之全文或其主要內容。

四　聽證之日期及場所。

五　聽證之主要程序。

第 157 條　法規命令依法應經上級機關核定者，應於核定後始得發布。

數機關會同訂定之法規命令，依法應經上級機關或共同上級機關核定者，應於核定後始得會銜發布。

法規命令之發布，應刊登政府公報或新聞紙。

第 158 條　法規命令，有下列情形之一者，無效：

一　牴觸憲法、法律或上級機關之命令者。

二　無法律之授權而剝奪或限制人民之自由、權利者。

三　其訂定依法應經其他機關核准，而未經核准者。

法規命令之一部分無效者，其他部分仍為有效。但除去該無效部分，法規命令顯失規範目的者，全部

無效。

第 159 條 本法所稱行政規則，係指上級機關對下級機關，或長官對屬官，依其權限或職權為規範機關內部秩序及運作，所為非直接對外發生法規範效力之一般、抽象之規定。

行政規則包括下列各款之規定：

一 關於機關內部之組織、事務之分配、業務處理方式、人事管理等一般性規定。

二 為協助下級機關或屬官統一解釋法令、認定事實、及行使裁量權，而訂頒之解釋性規定及裁量基準。

第 160 條 行政規則應下達下級機關或屬官。

行政機關訂定前條第 2 項第 2 款之行政規則，應由其首長簽署，並登載於政府公報發布之。

第 161 條 有效下達之行政規則，具有拘束訂定機關、其下級機關及屬官之效力。

第 162 條 行政規則得由原發布機關廢止之。

行政規則之廢止，適用第 160 條規定。

第五章 行政計畫

第 163 條 本法所稱行政計畫，係指行政機關為將來一定期限內達成特定之目的或實現一定之構想，事前就達成該目的或實現該構想有關之方法、步驟或措施等所為之設計與規劃。

第 164 條 行政計畫有關一定地區土地之特定利用或重大公共設施之設置，涉及多數不同利益之人及多數不同行政機關權限者，確定其計畫之裁決，應經公開及聽證程序，並得有集中事權之效果。

前項行政計畫之擬訂、確定、修訂及廢棄之程序，
由行政院另定之。

第六章　行政指導

第 165 條　本法所稱行政指導，謂行政機關在其職權或所掌事
務範圍內，為實現一定之行政目的，以輔導、協助、
勸告、建議或其他不具法律上強制力之方法，促請
特定人為一定作為或不作為之行為。

第 166 條　行政機關為行政指導時，應注意有關法規規定之目
的，不得濫用。

相對人明確拒絕指導時，行政機關應即停止，並不
得據此對相對人為不利之處置。

第 167 條　行政機關對相對人為行政指導時，應明示行政指導
之目的、內容、及負責指導者等事項。

前項明示，得以書面、言詞或其他方式為之。如相
對人請求交付文書時，除行政上有特別困難外，應
以書面為之。

第七章　陳情

第 168 條　人民對於行政興革之建議、行政法令之查詢、行政
違失之舉發或行政上權益之維護，得向主管機關陳
情。

第 169 條　陳情得以書面或言詞為之；其以言詞為之者，受理
機關應作成紀錄，並向陳情人朗讀或使閱覽後命其
簽名或蓋章。

陳情人對紀錄有異議者，應更正之。

第 170 條　行政機關對人民之陳情，應訂定作業規定，指派人
員迅速、確實處理之。

人民之陳情有保密必要者，受理機關處理時，應不

予公開。

第 171 條 受理機關認為人民之陳情有理由者,應採取適當之措施;認為無理由者,應通知陳情人,並說明其意旨。

受理機關認為陳情之重要內容不明確或有疑義者,得通知陳情人補陳之。

第 172 條 人民之陳情應向其他機關為之者,受理機關應告知陳情人。但受理機關認為適當時,應即移送其他機關處理,並通知陳情人。

陳情之事項,依法得提起訴願、訴訟或請求國家賠償者,受理機關應告知陳情人。

第 173 條 人民陳情案有下列情形之一者,得不予處理:

一 無具體之內容或未具真實姓名或住址者。

二 同一事由,經予適當處理,並已明確答覆後,而仍一再陳情者。

三 非主管陳情內容之機關,接獲陳情人以同一事由分向各機關陳情者。

第八章 附則

第 174 條 當事人或利害關係人不服行政機關於行政程序中所為之決定或處置,僅得於對實體決定聲明不服時一併聲明之。但行政機關之決定或處置得強制執行或本法或其他法規另有規定者,不在此限。

第 174-1 條 本法施行前,行政機關依中央法規標準法第七條訂定之命令,須以法律規定或以法律明列其授權依據者,應於本法施行後二年內,以法律規定或以法律明列其授權依據後修正或訂定;逾期失效。

第 175 條 本法自中華民國 90 年 1 月 1 日施行。

國家圖書館出版品預行編目資料

計畫方法學／鍾起岱著. —初版.—臺北市：
五南, 2003 [民92]
面； 公分.
參考書目：面
ISBN 978-957-11-3432-1（平裝）
1.社會科學-研究方法
501.2   92017328

1JAF
計畫方法學

作　　者－鍾起岱(401.2)
發 行 人－楊榮川
總 編 輯－龐君豪
主　　編－張毓芬
編　　輯－侯家嵐
出 版 者－五南圖書出版股份有限公司
地　　址：106台北市大安區和平東路二段339號4樓
電　　話：(02)2705-5066　傳　　真：(02)2706-6100
網　　址：http://www.wunan.com.tw
電子郵件：wunan@wunan.com.tw
劃撥帳號：01068953
戶　　名：五南圖書出版股份有限公司
台中市駐區辦公室/台中市中區中山路6號
電　　話：(04)2223-0891　傳　　真：(04)2223-3549
高雄市駐區辦公室/高雄市新興區中山一路290號
電　　話：(07)2358-702　傳　　真：(07)2350-236
法律顧問　元貞聯合法律事務所　張澤平律師
出版日期　2003年11月初版一刷
　　　　　2011年10月初版二刷
定　　價　新臺幣410元